La Renaissance

DU MÊME AUTEUR

(dir.), *La Mort au Moyen Âge,* Montréal, Éditions de l'Aurore, 1979.

Le Catéchisme des Jésuites, édition critique de l'ouvrage d'Étienne Pasquier, présenté et annoté par Claude Sutto, Sherbrooke, Éditions de l'Université de Sherbrooke, 1982.

(en collaboration avec J. M. de Bujanda et P. F. Grendler), *Index des livres interdits,* tome III : *Index de Venise, 1549, et de Venise et Milan, 1554,* Sherbrooke, Éditions de l'Université de Sherbrooke/Genève, Droz, 1987.

(en collaboration avec J. M. de Bujanda, U. Rozzo, P. Bietenholz et P. F. Grendler), *Index des livres interdits,* tome X : *Index de Rome 1590, 1593, 1596. Avec études des Index de Parme, 1580, et de Munich, 1582,* Sherbrooke, Éditions de l'Université de Sherbrooke/Genève, Droz, 1994.

(en collaboration avec J. Ménard), *Histoire de la pensée politique moderne,* Paris, PUF, 1997 ; traduction de J. H. Burns et M. Goldie, *The Cambridge History of Political Thought, 1450-1700,* Cambridge, Cambridge University Press, 1991.

Claude Sutto

La Renaissance

Boréal

Les Éditions du Boréal remercient le Conseil des Arts du Canada
ainsi que le ministère du Patrimoine canadien et la SODEC
pour leur soutien financier.

Illustration de la couverture : Rémy Simard.

© 1999 Les Éditions du Boréal
Dépôt légal : 2e trimestre 1999
Bibliothèque nationale du Québec

Diffusion au Canada : Dimedia
Distribution et diffusion en Europe : les Éditions du Seuil

Données de catalogage avant publication (Canada)
Sutto, Claude
    La Renaissance
    (Collection Boréal express ; 20)
    Comprend des réf. bibliogr.

ISBN 2-89052-948-7

1. Europe – Civilisation – 16e siècle. 2. Europe – Histoire religieuse –
16e siècle. 3. Réforme (Christianisme). 4. Europe – Vie intellectuelle –
16e siècle. I. Titre. II. Collection

DS228.S97   1999   940. 2'1   C99-940123-8

Table

CHAPITRE II

CHAPITRE III

CHAPITRE IV

Introduction

L'Europe de la Renaissance. L'expression est, à tout le moins, problématique. Elle rappelle l'attrait qu'exerçaient sur les humanistes les valeurs intellectuelles, morales et artistiques de l'Antiquité, avec lesquelles ils espéraient renouer, après la longue période de déclin qui avait suivi, du moins le croyaient-ils, la chute de l'Empire romain. Il n'entrait pas dans leur dessein, toutefois, de penser autrement qu'en termes littéraires ou artistiques. C'est bien là le sens que Vasari donne au mot *rinascita* (renaissance), dans *Vies des plus excellents peintres, sculpteurs et architectes italiens,* publié en 1550. Cent cinquante ans plus tard, Pierre Bayle, dans son *Dictionnaire historique et critique,* s'arrête surtout à la renaissance des lettres, « tandis que les hommes d'Église ne vouloient pas renoncer à leur barbarie ». C'est aussi à ce moment-là que la périodisation qui nous est familière apparaît pour la première fois, dans une série d'ouvrages de l'historien allemand Keller (ou Cellarius), intitulés *Histoire ancienne, Histoire du Moyen Âge* et *Histoire moderne.* Dans son *Essai sur les mœurs,* Voltaire, en bon philosophe imbu de l'idée de progrès, insiste sur le chaos politique, l'obscurantisme et le fanatisme religieux de « ces siècles grossiers », que devaient balayer les Italiens de la Renaissance. Ne suggérait-il pas d'étudier le Moyen Âge « à seule fin de le mépriser » !

Il faudra toutefois attendre le XIXe siècle pour que la notion de Renaissance embrasse tous les aspects de l'histoire, entendons ici la politique, les institutions, les structures sociales élémentaires, et pas seulement les lettres, les arts ou la religion. Dès lors, la Renaissance prend pour les historiens le sens de civilisation. Une civilisation que tout sépare de celle du Moyen Âge. C'est ce que Michelet s'attache à montrer, dans le tome VII de son *Histoire de France,* intitulé *La Renaissance* (1855). Dans *La Civilisation de la Renaissance en Italie* (1860), Burckhardt insiste sur l'originalité et le caractère novateur de la civilisation italienne, à travers divers thèmes comme la naissance de l'État, le développement de l'individu, le réveil de l'Antiquité, la découverte du monde, la société. Une conception aussi tranchée ne pouvait que susciter de vives critiques, notamment de la part des médiévistes et des catholiques. Pour ceux-ci, la Renaissance était la porte d'entrée de la Réforme protestante et ensuite de l'irréligion ; pour ceux-là, le Moyen Âge était injustement malmené.

L'idée de Renaissance comme modèle de civilisation cohérente et achevée a perduré, avec quelques nuances tout de même, jusque vers le milieu de ce siècle. On s'est beaucoup interrogé sur son originalité, sa modernité, voire son caractère révolutionnaire, ses limites chronologiques : de Pétrarque à Descartes, de la chute de Constantinople à la mort de Shakespeare ; parfois même sur ses divisions internes, Pré-Renaissance, Haute Renaissance, Renaissance classique, Renaissance tardive, où transparaît clairement un système de classification fondé sur les lettres et les arts, certainement pas sur l'histoire générale.

Cette conception de l'histoire apparaît aujourd'hui un peu vaine. Nous savons désormais que les limites chronologiques, qu'elles touchent la politique ou la culture, s'inscrivent dans des mouvements plus amples qui les brouillent. La Renaissance n'y échappe pas. Toute période n'est-elle pas mère de celle qui la suit et fille de celle qui la précède ? En ce sens, la Renaissance est rattachée par mille fils au Moyen Âge ; on pourrait même dire que sa « modernité » s'appuie davantage sur celui-ci que sur l'Antiquité.

Qu'en est-il alors du terme même de Renaissance, que nous utilisons couramment, parfois à contresens ? Il en va assurément de même pour les termes Moyen Âge, Europe baroque, siècle de Louis XIV ou Europe révolutionnaire et impériale, ces deux dernières expressions laissant un arrière-goût « hexagonal » ! Des expressions commodes, certainement utiles, notamment pour les programmes universitaires, car elles désignent avec éclat une période que l'on voudrait bien délimitée, mais qui risquent, si l'on n'y prend garde, d'être des cottes amples et mal taillées.

À l'intérieur des limites traditionnelles que les historiens s'entendent pour lui fixer, soit, en gros, du milieu du XVe au début du XVIIe siècle, limites largement ouvertes en amont comme en aval, la période que nous appelons Renaissance est tout de même riche d'événements majeurs, qui accélèrent brutalement le cours de l'histoire. Qu'on en juge : l'imprimerie, la Réforme, les grandes découvertes, l'essor du commerce international et la domination économique des pays du Nord, l'appropriation de l'humanisme italien par l'Europe, le développement de l'État moderne, une distanciation de plus en plus marquée avec d'autres grandes civilisations, ce que Delumeau appelle la « promotion de l'Occident ». Ce qui n'exclut nullement la présence de forces d'inertie, de continuités, de récurrences et aussi de freins et de déviations. Libre à chacun de privilégier les ruptures ou les continuités.

Chapitre I

L'Europe politique

L'Europe politique de la Renaissance est marquée par deux mouvements souvent contradictoires, parfois complémentaires. En premier lieu, la tentative de formation de l'État moderne, à partir de la fin du Moyen Âge, s'incarne dans un effort à long terme. Elle passe par l'efficacité administrative, le contrôle de l'ordre social, l'éveil du sentiment national, la constitution d'une armée permanente, la maîtrise des frontières extérieures ou intérieures, l'appropriation de territoires étrangers, qui prendra une forme inédite avec les grandes découvertes et l'exploitation des nouveaux mondes. Mais cette Europe des États, achevés ou en devenir, est déchirée par une série de guerres provoquées par des ambitions monarchiques, des dissensions religieuses, des velléités d'indépendance et aussi par la politique d'expansion de l'Empire ottoman. Il convient de remarquer que les pays d'Europe septentrionale et centrale ne sont que rarement l'enjeu des grands conflits européens. Le cas de la Russie doit être mis à part. Son éloignement la maintient en marge de l'Europe jusqu'au règne de Pierre le Grand, à la fin du XVIIe siècle.

Un état des lieux

À l'aube de la Renaissance, l'Europe est très largement morcelée sur le plan politique. Elle commence à acquérir la physionomie dont elle conservera les traces jusqu'à l'époque de la Révolution française. Elle est composée d'États aux structures et aux pratiques politiques les plus variées, parvenus à différentes étapes de leur évolution : monarchies administratives, aristocratiques ou despotiques, républiques urbaines, et enfin le Saint Empire, les États pontificaux, l'État des chevaliers Teutoniques et celui des chevaliers Porte-Glaive, qui sont tous quatre uniques et inclassables.

La carte de l'Europe

En Europe occidentale, les îles Britanniques regroupent les royaumes d'Écosse et d'Angleterre. Le royaume d'Angleterre, à l'issue de la guerre de Cent Ans, en 1453, a perdu toutes ses possessions continentales, à l'exception de Calais. Il possède l'Irlande, mais son pouvoir ne s'exerce réellement que sur la frange orientale de l'île, la Pale. Le royaume de France a retrouvé les territoires perdus au cours de la guerre de Cent Ans et incorpore ou réincorpore à son domaine les grands fiefs comme la Provence, l'Anjou, la Bretagne, la Bourgogne et les possessions des ducs de Bourbon. Subsistent néanmoins, à l'intérieur des frontières, des enclaves étrangères comme Calais, le comtat Venaissin, la principauté d'Orange. L'unification politique de l'Espagne s'amorce avec le mariage d'Isabelle de Castille et de Ferdinand d'Aragon en 1469. Le royaume de Grenade, ultime territoire demeuré musulman après la *Reconquista* amorcée au XIe siècle, et dont la chute est consommée en 1492, sera annexé à la Castille en 1502, tandis qu'en 1513 la partie méridionale du royaume de Navarre tombera sous le joug de l'Aragon. Isolé à l'extrême ouest de l'Europe, le Portugal déborde sur l'Atlantique en prenant possession, aux XIVe et XVe siècles, de Ceuta au Maroc, des Açores et de Madère, en attendant de poser les jalons de son empire colonial en Afrique et en Asie à la fin du XVe siècle. L'Italie est divisée en une vingtaine d'États aux multiples nuances politiques : le royaume de Naples, qui, avec la Sicile, la Sardaigne et les Baléares, est aux mains d'une branche cadette de la maison espagnole d'Aragon depuis 1442 ; les États pontificaux ; les républiques de Florence, de Gênes et de Venise, celle de Venise étant nantie d'un véritable empire colonial dans l'Adriatique et la mer Égée ; les duchés de Milan et de Savoie ; ainsi qu'un ensemble de petites principautés comme Ferrare ou Mantoue. Les Pays-Bas forment un ensemble assez hétérogène de comtés, de duchés, de principautés ecclésiastiques, tous jaloux de leurs droits et libertés, occupant en gros les territoires actuels de la Belgique, des Pays-Bas et du Luxembourg. Enfin, les 13 cantons suisses forment une confédération dont l'indépendance sera assurée en 1499 par le traité de Bâle.

L'Europe centrale est dominée par le Saint Empire dont le territoire comprend l'Allemagne à l'exception de la Prusse, la Bohême, les Pays-Bas et, théoriquement, le nord de l'Italie, le Dauphiné, la Bourgogne et la Provence. Le Saint Empire forme un ensemble politique assez lâche de quelque 360 États à peu près indépendants : principautés laïques ou ecclésiastiques, seigneuries, villes libres, enchevêtrées les unes dans les autres, parfois divisées par les héritages. La dignité impériale, qui est élective, appartient depuis 1439 à la famille des Habsbourg. Certains de ces États se démarquent nettement. En premier lieu, les domaines patrimoniaux des Habsbourg, essentiellement l'Autriche actuelle, la Carniole, l'actuelle Slovénie, une partie de l'Alsace, auxquelles s'ajoutent les Pays-Bas. Le Brandebourg, la Saxe, la Bavière, le Palatinat, les villes d'Empire comme Francfort et Nuremberg ont une moindre importance politique. Depuis 1490, la Bohême est unie par un lien dynastique à la Hongrie, vaste royaume qui comprend aussi la Slovaquie, la Croatie et la Transylvanie, dans l'actuelle Roumanie. En Europe du Nord et de l'Est, les royaumes de Suède (avec la Finlande), de Norvège et de Danemark (avec l'Islande et le Groenland) sont liés depuis 1397, sous la houlette du Danemark, par l'Union de Kalmar, une union, d'ailleurs, de plus en plus fragile. Il en va de même, depuis 1386, pour le royaume de Pologne et le grand-duché de Lituanie, qui forment un immense ensemble territorial s'étendant de la mer Baltique aux abords de la mer Noire. Les chevaliers Teutoniques *(Deutsche Ritter)* conservent la Prusse (orientale), qu'ils tiennent désormais en fief du roi de Pologne. Quant aux chevaliers Porte-Glaive *(Schwerbrüderorden)*, qui leur sont étroitement associés, ils sont établis en Livonie, en Courlande, région de l'actuelle Lettonie, et en Estonie, où ils doivent néanmoins compter avec les villes majoritairement allemandes que sont Riga, Dorpat et Reval.

Plus à l'est, la Moscovie, enfin débarrassée de la Horde d'Or mongole en 1480, annexe les villes et les grandes principautés de Tver, de Novgorod, d'Iaroslavl et de Rostov pour devenir la Russie.

Finalement, tout le sud de la péninsule balkanique, sauf la principauté de Monténégro, la république de Raguse (Dubrovnik) et les territoires vénitiens de Dalmatie, est passé progressivement aux mains de l'Empire ottoman à partir du milieu du XIVe siècle.

Institutions et vie politique

Cette Europe, dont il serait vain d'examiner en détail l'extraordinaire diversité politique, est le résultat des profondes mutations survenues aux XIVe et XVe siècles. Même si son existence et son prestige ne sont pas remis en cause en Allemagne et en Europe, le Saint Empire perd néanmoins l'essentiel de son autorité. L'empereur ne doit son accession à la couronne qu'au suffrage des sept électeurs : les archevêques de Cologne, de Mayence et de Trèves, le comte palatin du Rhin, le margrave de Brandebourg, le roi de Bohême et le duc de Saxe. Il ne s'impose qu'en raison de l'importance de ses possessions personnelles. La papauté, dont le destin politique était en partie lié à celui de l'Empire, est de plus en plus réduite à l'exercice de ses pouvoirs religieux. Son influence ne demeure sensible que dans les États de la péninsule italienne. La notion de pouvoir direct en matière politique que le pape prétendait exercer sur les rois n'est plus qu'une question d'école, tout autant que le rêve de croisade, si longtemps prôné.

Quant au modèle républicain, illustré par les villes d'Empire, les cantons suisses et plus encore par la République de Venise, dont la constitution aux articulations complexes suscita l'admiration des intellectuels et des hommes politiques, il constitue, en vérité, une anomalie.

Le type d'État moderne qui, du moins en Europe occidentale, parvient à maturité au XVIe siècle est l'État monarchique, quelles que soient les formes qu'il emprunte. Le fonctionnement de ses institutions et l'approfondissement de l'idéologie qui les sous-tend sont le résultat de l'effort de justification et de clarification mené par les rois et leurs conseillers à la fin du Moyen Âge. Le roi possède, certes, de vastes pouvoirs ; ceux-ci ne sauraient toutefois être absolus car le roi n'est pas le propriétaire du royaume, mais le représentant de la communauté que forment ses habitants et à laquelle il est lié par un contrat implicite. Par contre, il n'est comptable de ses actions que devant Dieu.

Le roi recherche à la fois la stabilité, essentiellement grâce à l'hérédité qui le protège des aléas de l'élection, et la légitimité que lui procurent le sacre et, en France et en Angleterre, les pouvoirs thaumaturgiques. Ses qualités de sagesse, de justice, de piété, de souci du bien commun, d'éloquence, son respect de la loi divine le confirment dans son rôle. Cette légitimité devait pouvoir s'exprimer publiquement par une mise en scène élaborée : cérémonial de cour, funérailles, entrées, insignes au symbolisme complexe, de même que par sa munificence et sa générosité. À partir de la fin du Moyen Âge, l'usage de la « langue du roi », notamment en France et en Angleterre, le sentiment national, la caution de l'histoire et le recours au mythe des origines troyennes, gauloises ou germaniques, prôné par les intellectuels français, anglais ou allemands, lui servent de point d'appui et de justification.

Il va de soi que le roi ne peut gouverner seul. Il peuple son conseil d'hommes choisis par lui dans les milieux dont il doit tenir compte, des « grands », comme de juste, mais aussi et surtout des juristes rompus aux techniques du droit et aux pratiques administratives. Des corps spécialisés s'occupent des questions de justice ou de finance, tandis qu'un maillage administratif serré étend son autorité dans les provinces.

Le prince doit évidemment faire face à des dépenses

croissantes. La vieille pratique selon laquelle il devait vivre « du sien », c'est-à-dire de ses revenus propres, apparaît de plus en plus illusoire. Il est donc contraint soit de lever des impôts extraordinaires, ce qui nécessite le consentement du peuple, c'est-à-dire des assemblées représentatives, soit de recourir davantage à l'emprunt.

Mais, à la fin du Moyen Âge, ces assemblées, états généraux français, Parlement anglais, Reichstag ou diète d'Empire, Cortés espagnoles, formées des représentants de la noblesse, du clergé et des villes, présentes partout, y compris dans les plus petites principautés allemandes *(Landtage),* se heurtent à un pouvoir monarchique de plus en plus autoritaire. Elles n'en demeurent pas moins, tout au long du XVIe siècle, une force qui peut être redoutable. Elles ne cessent de revendiquer le droit de participer à l'exercice du pouvoir, ce dont les rois doivent tenir compte, même en France. Henri VIII d'Angleterre sait utiliser le Parlement à son profit. Pour ne pas avoir tenu compte des libertés traditionnelles des Pays-Bas, défendues par les états généraux et les états provinciaux, le roi d'Espagne Philippe II provoque leur révolte. À l'Est, le royaume de Pologne vit une situation différente. La diète *(Sjem)* a réussi à arracher à la monarchie des pouvoirs considérables, notamment par le statut de *Nihil novi* (rien de nouveau) de 1505, qui lui permet d'imposer son veto sur toute nouvelle loi.

L'importance croissante de l'État et l'essor des grandes monarchies ne manquent pas de susciter de nombreuses réflexions sur la nature et les fins du pouvoir politique. Machiavel, dans *Le Prince,* mais aussi dans ses *Discours,* prône le réalisme nécessaire à l'homme d'État. More, dans l'*Utopie,* Campanella, dans la *Cité du soleil,* décrivent la ville idéale. Bodin, dans la *République,* étudie les divers et multiples aspects de la souveraineté et de la monarchie absolue et s'oppose ainsi aux monarchomaques français, qui souhaitent un pouvoir mixte. Calvin, Mariana, Bellarmin tentent d'arbitrer au mieux les relations entre l'Église et l'État. Suarez, enfin, jette les bases du droit international.

Habsbourg, Valois et Tudor

Montés sur le trône à quelques années d'intervalle, Charles Quint, François Ier et Henri VIII raffermissent leur pouvoir personnel, tout en menant une politique extérieure active qui doit logiquement déboucher, du moins pour François Ier et Charles Quint, sur la prépondérance en Europe. Vaste programme qui les entraînera pendant plus de 30 ans dans des guerres interminables, où les rivalités personnelles jouent un grand rôle.

Les États et leurs problèmes

Qui aurait pu prévoir, à la fin du XVe siècle, que les Habsbourg réussiraient à constituer un ensemble territorial « sur lequel le soleil ne se couchait jamais » ? Résultat de mariages soigneusement planifiés, de décès opportuns, de conquêtes, cet ensemble n'a jamais formé un État unitaire, tant il était disparate et morcelé, car chaque pays conservait sa langue, ses institutions, son personnel politique. Seul le lien dynastique avec Charles Quint assurait une unité qui, d'ailleurs, était loin d'être négligeable. Celui-ci se faisait une très haute idée de sa fonction, où perçaient encore quelques traces de l'universalisme médiéval et de la fidélité vassalique. Il réussit, par d'incessants voyages, à connaître raisonnablement bien chacune des parties de sa *Monarchia,* à apprendre quelques-unes de ses langues et à s'assurer de l'obéissance, du respect et de la fidélité de ses sujets, en dépit de la très lourde ponction fiscale imposée par un gouvernement constamment aux abois. Il sut s'entourer de conseillers compétents : Chièvre, Gattinara, Granvelle. Il fit appel à sa tante Marguerite d'Autriche, à sa sœur Marie de Hongrie, à son frère Ferdinand, pour gouverner en son nom l'un ou l'autre des pays de sa *Monarchia.*

Charles Quint avait bénéficié d'un double héritage. De son père, Philippe le Beau, fils de Marie de Bourgogne, il tenait les territoires bourguignons, soit la Bourgogne proprement dite et les Pays-Bas. De son grand-père paternel, Maximilien Ier de Habsbourg, les États héréditaires, essentiellement l'Autriche. Et il succéda à ce dernier comme empereur, non sans difficulté d'ailleurs, car il dut affronter François Ier et acheter à chers deniers le vote des sept électeurs, lors de l'élection impériale de 1519. De sa mère, Jeanne, dite la Folle, fille de Ferdinand d'Aragon et d'Isabelle de Castille, il hérita des royaumes espagnols, du royaume de Naples et des « Indes », c'est-à-dire l'actuelle Amérique latine. À la mort de son beau-frère, Louis II Jagellon, roi de Bohême et de Hongrie, tué à la bataille de Mohács, en 1526, contre les Ottomans, ces deux royaumes passèrent aux Habsbourg. L'empereur en confia les rênes à son frère Ferdinand. Enfin, à la mort du dernier Sforza en 1535, il acquit le Milanais.

Né à Gand, en Flandre, Charles Quint était de langue et de culture françaises et se considérait comme l'héritier des ducs de Bourgogne. Il sut comprendre et respecter les libertés des Pays-Bas en faisant appel aux élites traditionnelles et en y nommant successivement Marguerite d'Autriche et Marie de Hongrie comme « gouvernantes ».

L'Empire était gage de prestige. Solidement campé sur ses terres héréditaires, Maximilien Ier avait entrepris de le réformer en le dotant d'institutions sur lesquelles il aurait souhaité exercer seul le contrôle, à l'instar de ses voisins anglais et français. En vain. À tout le moins y gagna-t-il la réputation d'être un empereur authentiquement allemand. Charles Quint tenta, sans plus de succès, de poursuivre l'œuvre de son grand-père. C'est que les États allemands étaient jaloux de leur indépendance. Et certains princes entendaient jouer un rôle politique à la mesure de leurs ambitions ou de leurs moyens. S'il se heurta violemment à eux sur les questions religieuses, Charles Quint put néanmoins toujours compter sur leur fidélité. Et la paix d'Augsbourg, en 1555, qui consacrait en réalité la défaite de sa politique, gardait néanmoins à peu près intactes les institutions impériales.

L'Aragon et la Castille, dont Charles ceignit la couronne en 1516, formaient deux royaumes distincts et fort différents l'un de l'autre. L'Aragon avait connu au Moyen Âge un remarquable dynamisme économique et politique, quelque peu assoupi au XVIe siècle, mais l'attachement à ses libertés traditionnelles demeurait toujours aussi vif. La Castille finit toutefois par s'imposer et embrasser en quelque sorte l'Espagne par son poids démographique, son rôle éminent dans la *Reconquista* et l'expansion coloniale, l'efficacité de son administration. Charles irrita ses nouveaux sujets par ses maladresses, et singulièrement par son entourage de Flamands et par sa méconnaissance du pays et de ses langues. La révolte des *Comunidades* en Castille, qui prônait l'autonomie des villes, en découle largement. Quant aux *Germanias* d'Aragon, elles opposaient essentiellement les artisans aux nobles. Ces révoltes furent rapidement écrasées. Le jeune souverain sut tirer les leçons qui s'imposaient en tenant désormais compte des susceptibilités espagnoles.

Au seuil du XVIe siècle, les rois de France viennent de mettre un terme aux tentatives des princes pour participer activement à l'exercice du pouvoir, qui s'étaient incarnées, depuis le milieu du XVe siècle, dans diverses révoltes : la Praguerie, la guerre du Bien public, la Guerre folle. L'échec des états généraux de 1484 et l'incorporation au domaine, par héritage ou par mariage, de plusieurs grands fiefs illustrent l'ampleur de la victoire du pouvoir royal, qui demeurera tout de même fragile.

Trois souverains règnent durant la première moitié du XVIe siècle : Louis XII, François Ier et Henri II. Le premier consacre l'essentiel de ses efforts à la conduite des guerres d'Italie, mais une habile propagande de même que sa modération dans la levée des impôts lui valent le titre de Père du peuple. François Ier et Henri II réussissent à imposer une nouvelle image de la monarchie et surtout à asseoir son autorité. Des théoriciens comme Grassaille, Budé, Ferrault leur fournissent les arguments nécessaires pour mener à bien ce grand dessein politique. Encore convient-il de noter que les partisans de la « monarchie mixte », comme Seyssel, gardent toute leur audience, surtout après le milieu du siècle.

Monté sur le trône en 1515 à l'âge de 20 ans, grand, beau, cultivé, parfait gentilhomme, François Ier symbolise le souverain de la Renaissance. L'année même de son avènement, sa « joyeuse entrée » à Lyon, alors qu'il est en route pour l'Italie, et la victoire de Marignan sur les Suisses le couvrent d'un prestige qu'il s'efforcera d'entretenir. Déjà comparé à Hercule, à Auguste, à Constantin, il parfait son image par la magnificence de la vie de cour, la construction de châteaux comme ceux de Fontainebleau ou de Chambord, l'engagement d'artistes italiens comme Léonard de Vinci, Benvenuto Cellini ou Dominique de Cortone. La fondation du Collège royal en 1530 et son intérêt soutenu pour la réforme religieuse, sous l'influence de sa sœur Marguerite de Navarre, en font un des parangons de l'humanisme chrétien.

François Ier et Henri II n'ont de cesse de renforcer l'autorité monarchique par un contrôle de plus en plus serré des institutions et une mise à l'écart de ceux qui auraient pu menacer cette politique. C'est ainsi qu'ils ne convoquent pas les états généraux, ce qui ne veut d'ailleurs pas dire qu'ils rompent le dialogue avec leurs sujets. De même, leur souci de tenir en lisière les grands ne signifie en rien qu'ils entendent s'en passer. Quant au parlement de Paris, corps judiciaire prestigieux qui a des prétentions politiques, il doit plier devant la ferme volonté du roi d'être obéi. D'abord lors de l'enregistrement forcé du concordat de Bologne, signé avec le pape en 1516, qui accorde au roi des pouvoirs considérables sur l'Église de France. Ensuite lors d'une assemblée extraordinaire du parlement présidée par le roi et appelée « lit de justice », en 1527, convoquée pour juger d'une manière posthume le connétable de Bourbon, qui a « trahi » le roi en 1523 en passant au service de l'empereur, et surtout pour statuer sur la confiscation de ses biens.

Il faut ensuite que ces souverains se donnent les moyens de gouverner efficacement. En France, le Conseil du roi est divisé en sections plus spécialisées dont est issu, en particulier, le Conseil étroit, où se prend l'essentiel des grandes décisions, tandis que les compétences des quatre secrétaires d'État et des maîtres des requêtes se voient élargies. La création de nouveaux tribunaux, les présidiaux, soulage la tâche des parlements. Enfin, l'ordonnance de Villers-Cotterêts, en 1539, impose l'usage du français comme langue administrative, aux dépens du latin.

Les dépenses croissantes de l'État nécessitent une réforme financière qui porte à la fois sur la centralisation et sur une meilleure perception des impôts. C'est dans ce but que sont créés le « Trésor de l'Épargne » et les 16 « Recettes générales ». L'insuffisance des revenus oblige néanmoins la monarchie à recourir à des emprunts comme les « rentes sur l'Hôtel-de-ville » ou à des taxes extraordinaires sur le clergé ou « décimes ».

Pour peupler ces différents corps, la monarchie a, dès le XVe siècle, procédé à la vente d'offices, c'est-à-dire de postes. Ceux-ci se multiplient au siècle suivant, notamment sous François Ier, qui en perfectionne les modalités d'acquisition et de transmission. Le système, dangereux à long terme car il affaiblit la notion même de puissance publique, possède néanmoins des avantages immédiats. La vénalité des offices permet au roi d'obtenir immédiatement des sommes importantes à moindres frais, de s'assurer de la fidélité des titulaires, de limiter le pouvoir des grands et enfin de garantir aux juges, par l'hérédité des offices, une ascension sociale qui, à terme, peut les conduire à la noblesse.

En Angleterre, la victoire du comte de Richmond, le futur Henri VII, sur Richard III, à la bataille de Bosworth, en 1485, clôt la guerre des Deux-Roses. Mais le nouveau roi se doit d'établir sans conteste une légitimité qu'annonçaient déjà son ascendance maternelle Lancastre et son mariage avec Élisabeth d'York. L'élimination des prétendants et la naissance de quatre enfants mettent la nouvelle dynastie à l'abri d'un coup de force.

Henri VII s'attache à restaurer et à faire valoir la prérogative et la dignité royales, à choisir les hommes à la fois fidèles et compétents qu'il fait entrer au Conseil, à intéresser les membres de la *gentry,* la noblesse non titrée, à servir bénévolement dans l'administration locale, notamment comme *justice of peace*. Il s'efforce d'augmenter les revenus de la couronne par la réforme de la gestion du domaine, l'augmentation des droits de douane et des revenus d'origine féodale, l'imposition d'amendes ou même la confiscation des biens des traîtres et des rebelles. Il évite, dans la mesure du possible, de recourir aux subsides consentis par le Parlement. Il encourage le commerce international en accordant sa protection aux *merchant adventurers* et en promulguant deux *Navigation Acts* (1485 et 1489) qui accordent aux navires anglais le monopole de l'importation des vins. Sa politique étrangère est active mais prudente. Aux guerres, il préfère les alliances matrimoniales et les traités diplomatiques.

L'accession au trône d'Henri VIII en 1509 est saluée avec joie. Ses indéniables qualités intellectuelles et sa prestance cachent encore mal un orgueil démesuré, une parfaite absence de scrupules allant jusqu'à la cruauté la plus gratuite et une propension aux excès de tous ordres. D'entrée de jeu, il veut rompre avec la politique précautionneuse de son père. Le choix du cardinal Wolsey comme principal conseiller l'illustre éloquemment. Ce dernier, personnage fastueux, sensible à l'humanisme et habile diplomate, mène une politique étrangère ambitieuse mais coûteuse, fondée sur l'équilibre européen. Sur le plan intérieur, il sert bien l'autoritarisme du roi et limite le plus possible le recours au Parlement. Grâce à son titre de légat, il réussit à mettre l'Église d'Angleterre à sa main. C'est l'affaire du divorce qui le perd.

L'absence d'héritier mâle tourmente à ce point Henri VIII qu'il se résout à divorcer de Catherine d'Aragon. Ce qui aurait pu être réglé discrètement dégénère en crise politique, car la papauté ne veut pas courir le risque d'irriter le neveu de la reine, Charles Quint. Henri VIII passe outre, mais au prix d'une rupture avec Rome. Sans doute y trouve-t-il son compte, car il devient le chef de l'Église d'Angleterre, sans pour autant renoncer à l'essentiel de la doctrine catholique. Plus encore, cette crise modifie la pratique gouvernementale. De 1532 à 1540, Thomas Cromwell, principal collaborateur du roi, renforce l'autorité du Conseil privé et associe le Parlement aux grandes décisions religieuses.

Le règne d'Édouard VI, fils d'Henri VIII, est surtout marqué par l'établissement d'un véritable protestantisme et par la rivalité entre les ducs de Somerset et de Northumberland pour diriger la régence et choisir l'éventuel héritier ou héritière du roi.

À la mort d'Édouard VI, en 1553, Marie, fille d'Henri VIII et de Catherine d'Aragon, fait reconnaître sans difficulté sa légitimité et détrône sa rivale, Lady Jane Grey, qu'elle fait par la suite exécuter. Sa politique est largement dominée par le retour de l'Angleterre au catholicisme. Son mariage avec son cousin Philippe d'Espagne s'avère mal avisé et désastreux. Mais elle poursuit avec succès la réforme financière amorcée par Northumberland. Sa mort prématurée en 1558 et l'accession au trône de sa demi-sœur Élisabeth, fille d'Henri VIII et d'Anne Boleyn, brisent net les acquis de sa politique religieuse.

Conquête et exploitation des nouveaux mondes

Favorisées par d'incontestables progrès techniques et justifiées par la quête d'or et d'épices, largement aux mains des musulmans, les grandes découvertes s'amorcent au XVe siècle lorsque les Espagnols occupent les Canaries, et les Portugais Madère et les Açores. Après avoir longé, à partir de 1415, la côte africaine, les Portugais doublent le cap de Bonne-Espérance en 1487-1488 et atteignent les Indes en 1498. Ce qui va leur assurer, jusqu'à l'arrivée des Néerlandais à la fin du XVIe siècle, la prépondérance économique et politique en Extrême-Orient.

La prise de Grenade en 1492, qui clôt huit siècles de domination musulmane sur l'Espagne, permet aux « rois catholiques », désormais libérés des guerres de la *Reconquista,* de donner suite au projet de Christophe Colomb d'atteindre les Indes par la route occidentale. Pour éviter que la découverte de l'Amérique ne provoque un conflit avec le Portugal, les deux pays signent, sous les instances du pape, le traité de Tordesillas, qui accorde aux Espagnols tous les territoires sis au delà de 46° 30' de longitude Ouest. Ce qui permet ultérieurement l'occupation du Brésil, situé en deçà, par les Portugais.

Les Européens ne prennent véritablement conscience de l'existence d'un nouveau continent qu'en 1508, lorsque le cosmographe Martin Walsenmüller le nomme America, en l'honneur du navigateur italien Amerigo Vespucci. Le voyage autour du monde entrepris par

Magellan en 1519 confirme que l'Amérique du Sud, à tout le moins, est distincte de l'Asie.

Le gouvernement espagnol n'a pas les moyens, à lui seul, d'explorer et d'exploiter ces nouveaux mondes. Il confie donc à des particuliers ou à des compagnies commerciales munis d'une charte le soin de le faire, sans toutefois remettre en cause l'autorité supérieure de la couronne. Par l'intermédiaire de la *Casa de contratación,* qui surveille et contrôle le commerce avec l'Amérique, et du Conseil des Indes, qui s'occupe de toutes les questions politiques et administratives, la couronne exerce une mainmise efficace sur l'entreprise. Sur place, une administration coloniale assure la surveillance puis l'encadrement d'une société à la fois européenne et amérindienne ; elle veille à ce que les *conquistadores* (les conquérants) se comportent comme des sujets et non comme des roitelets. Les Amérindiens font l'objet d'une étroite surveillance. Privés de leurs élites, baptisés de force, attribués à des seigneurs, ils sont soumis à des conditions de travail brutales, soit dans les mines, soit dans les plantations. Plus encore, ils sont frappés de plein fouet par le choc microbien. Leur nombre choit probablement des deux tiers, et, dans les Antilles, ils disparaissent entièrement. Pour pallier le manque de main-d'œuvre, Espagnols et Portugais recourent à la traite des Noirs.

Anglais et Français ne participent que d'une manière intermittente à l'aventure américaine. L'Amérique du Sud leur étant interdite, ils s'attachent à explorer et à cartographier les côtes de l'Amérique du Nord et à y chercher un passage vers l'Asie, ce à quoi s'emploient Cabot, Verrazzano, Cartier, Roberval, Hudson, Frobisher et Davis. Les premières tentatives de colonisation françaises, au Brésil, en Floride et au Canada, échouent. Il faudra attendre la fin du siècle et le début du suivant pour qu'Anglais et Français réussissent à s'établir solidement en Virginie et dans la vallée du Saint-Laurent.

Les guerres d'Italie

La première moitié du siècle est dominée par les guerres d'Italie, qui vont bientôt dégénérer en guerres entre Habsbourg et Valois. Elles naissent de la faiblesse politique de l'Italie et des revendications dynastiques des Français sur Naples et sur Milan, que l'empereur et Ferdinand d'Aragon s'efforcent de contrecarrer. Quant aux Italiens, à commencer par le pape et la République de Venise, ils n'hésitent pas à s'allier avec les uns ou avec les autres, quitte à se tourner ensuite contre eux au cri de « *Fuori i Barbari !* » (« dehors les Barbares ! »).

La conquête de Naples par Charles VIII en 1494 sera sans lendemain. Venise, Milan, le pape, l'empereur et les rois catholiques constituent une Sainte Ligue qui chasse les Français en 1496. Louis XII reprend à son compte les prétentions de son prédécesseur et y ajoute le Milanais, qu'il va conserver, mais il cède Naples aux Aragonais. Un instant allié à Louis XII dans la ligue de Cambrai pour briser la résistance de Venise, Jules II met sur pied une nouvelle Sainte Ligue qui regroupe la plupart des États italiens, l'Aragon, les cantons suisses, l'Angleterre. Menacé de toutes parts, Louis XII abandonne le Milanais. Celui-ci sera reconquis par François Ier à la bataille de Marignan en 1515. Le traité de Noyon, conclu en 1516 entre la France et l'Espagne, attribue le sud de l'Italie à celle-ci et le nord à celle-là.

Mais, à partir de 1519, le conflit change d'aspect. Si l'Italie demeure un enjeu essentiel, la rivalité personnelle entre Charles Quint et François Ier et, par voie de conséquence, la lutte pour la prépondérance européenne passent au premier plan. Fort de l'appui d'Henri VIII, brouillé avec François Ier depuis leur rencontre orageuse au Camp du drap d'or en 1520, Charles Quint entreprend la conquête du Milanais, sanctionnée définitivement par la bataille de Pavie en 1525, au cours de laquelle le roi de France est fait prisonnier. Celui-ci doit, l'année suivante, signer le traité de Madrid par lequel il cède la Bourgogne et le Milanais et abandonne sa suzeraineté sur l'Artois et la Flandre. Mais, dès son retour en France, il s'empresse de renier ce traité. Le triomphe de l'empereur paraît si excessif au pape et à la République de Venise qu'ils forment avec François Ier la ligue de Cognac. En 1527, les armées impériales saccagent Rome, mais l'occupation de la

Hongrie par les troupes ottomanes, à l'issue de la bataille de Mohács en 1526, et le siège de Vienne en 1529 contraignent Charles Quint à signer avec François Iᵉʳ la paix de Cambrai cette même année, dite paix des Dames, qui permet à la France de garder la Bourgogne.

La paix ne pouvait être que précaire. Pour affermir sa position, François Iᵉʳ entreprend une vaste offensive diplomatique qui lui fait conclure une alliance avec le sultan en 1536, en même temps qu'il prend langue avec la ligue de Smalkade, formée en 1531 par les protestants allemands. Ponctuée de trêves ou de paix, la guerre se poursuit jusqu'aux deux traités de Cateau-Cambrésis. Le premier, entre l'Angleterre et la France, rend à celle-ci la ville de Calais, anglaise depuis 1347. Le deuxième, avec l'Espagne. La France restitue alors la Savoie à son duc et abandonne définitivement le Milanais. Elle conserve les trois évêchés, Metz, Toul et Verdun, qu'elle avait conquis. Ce traité livre l'Italie à l'Espagne.

L'époque des guerres de Religion

Après la conclusion de la paix d'Augsbourg et de celle de Cateau-Cambrésis, les grands États sont épuisés. Incapable de maintenir sa *Monarchia,* Charles Quint se résout à la partager. Aux prises avec une situation financière éprouvante, les Habsbourg d'Espagne vont devoir affronter rapidement et la révolte des Pays-Bas et une guerre larvée avec l'Angleterre, qui va se terminer par la défaite de la flotte espagnole nommée l'Armada, en 1588. La France sombre dans les guerres de Religion, qui non seulement opposent protestants ou huguenots et catholiques au cours de huit guerres successives, mais encore ébranlent les fondements mêmes de l'État. Seule l'Angleterre élisabéthaine traverse cette période dans une certaine sérénité. Aux marches de l'Europe, la Pologne s'affaiblit, tandis que la Suède et la Russie peinent à devenir de grands États.

Le partage de la Monarchia

Charles Quint avait espéré léguer la totalité de sa *Monarchia* à son fils Philippe. Mais les tensions familiales, les problèmes financiers autant que les défaites le convainquent de la partager et ensuite d'abdiquer. En 1555 et en 1556, il cède successivement à son fils la totalité de l'héritage bourguignon, les royaumes espagnols, celui de Naples, l'Amérique latine. En 1556, enfin, il abandonne l'Empire à son frère Ferdinand, déjà en possession des domaines autrichiens, de la Bohême et de la Hongrie royale. Ainsi dispersés, privés d'un titulaire redouté, respecté et nimbé de surcroît de la dignité impériale, les pays issus de la *Monarchia* se retrouvent au même niveau que la France et l'Angleterre.

L'Espagne

Vétilleux, travailleur acharné, prudent, hanté par la raison d'État, Philippe II est profondément imbu de ses prérogatives et de sa dignité. Il sait s'entourer de conseillers compétents, presque tous des Castillans comme Albe, Medina Sidonia, au milieu desquels se glissent toutefois l'Italien Eboli et le Franc-Comtois Granvelle. Il établit sa capitale à Madrid, mais préfère résider au palais-monastère de l'Escorial. Il s'efforce de raffermir les institutions de ses diverses possessions et d'étouffer toute dissidence, qu'elles soient politiques ou religieuses. C'est ainsi qu'il combat les velléités autonomistes de l'Aragon, sans toutefois supprimer ses libertés. Sa politique religieuse est plus intransigeante. De concert avec l'Inquisition, il harcèle les *conversos,* les Juifs convertis, à qui il impose les Statuts de pureté de sang qui leur interdisent l'accès aux principales fonctions civiles ou religieuses. Les morisques, musulmans nominalement convertis, qui se révoltent en 1568, à cause de brimades diverses, sont écrasés et dispersés à travers l'Espagne avant d'être expulsés entre 1609 et 1613.

La révolte des Pays-Bas illustre toutefois les limites d'une telle politique. Passant outre aux anciennes pratiques gouvernementales, Philippe II écarte systématiquement les élites du pouvoir et se met à dos de grands seigneurs, comme Egmont et Guillaume d'Orange, et impose une fiscalité écrasante. Il s'efforce, par ailleurs, de consolider son emprise sur l'Église et de contenir les calvinistes et les anabaptistes. L'alliance de Saint-Trond, en 1566, soude les opposants et conduit à la révolte, qui est brutalement réprimée par le duc d'Albe, dépêché par le roi. Relancée en 1572, la guerre civile s'étend aux provinces du Nord passées à la Réforme et désormais dirigées par Guillaume d'Orange. Un moment unies contre les Espagnols lors de la pacification de Gand en 1576, les provinces catholiques et les provinces calvinistes se séparent définitivement en 1579 en signant chacune de leur côté l'Union d'Arras et l'Union d'Utrecht. Les provinces calvinistes finissent par conquérir leur indépendance grâce à Guillaume d'Orange et à son fils Maurice de Nassau, tandis que les provinces catholiques demeurent sous domination espagnole.

Philippe II mène une politique étrangère extrêmement active qui en fait le maître du jeu en Europe occidentale. S'il profite de l'extinction de la maison d'Aviz pour procéder personnellement à l'union du Portugal et de l'Empire à la couronne espagnole en 1580, sa politique se fonde sur la défense du catholicisme, qui sert parfois de prétexte à celle de ses intérêts propres. Profondément marqué par les idéaux politiques et religieux d'une Église catholique rénovée et soucieuse de reprendre le terrain perdu aux mains des protestants, il est incontestablement, en ce sens, un prince de la Contre-Réforme. Sa politique à l'endroit d'une Angleterre hérétique en dépend étroitement, même si la défense des intérêts économiques espagnols, menacés par les corsaires anglais, n'y est pas non plus étrangère. La défaite de l'Invincible Armada en 1588 marque nettement l'échec de ses prétentions. Pour ce qui concerne les guerres de Religion en France, il poursuit deux buts parfois contradictoires : extirper l'hérésie, mais aussi affaiblir la puissance française. Ses interventions discrètes mais constantes se lisent en filigrane jusqu'en 1585, date à laquelle elles prennent une forme plus directe par l'octroi de subsides, puis l'envoi de troupes. La paix de Vervins signée en 1598 marque le terme de l'intervention espagnole en France.

L'Espagne participe enfin à la lutte contre les Turcs qui occupaient, depuis le XIVe siècle, une position dominante en Méditerranée orientale et dans les Balkans. En 1565, elle réussit à leur reprendre Malte, dont ils avaient pris possession quelques mois auparavant. Il s'agit d'une victoire importante, parce que l'île occupe une position stratégique entre la Sicile et l'Afrique. Six ans plus tard, la Sainte Ligue formée de l'Espagne, de la papauté, de Gênes et de Venise écrase la flotte turque à Lépante. C'en est pratiquement fait de la menace turque en Méditerranée.

Les Habsbourg d'Autriche et le Saint Empire

En dépit d'étroits liens dynastiques et d'intérêts politiques et religieux communs avec leurs cousins d'Espagne, les Habsbourg d'Autriche n'en seront pas moins absorbés par les problèmes de l'Allemagne et de la *Mitteleuropa,* l'Europe centrale. La paix d'Augsbourg de 1555 avait instauré un équilibre fragile mais viable entre catholiques et luthériens, qui n'en continuent pas moins à s'affronter sur la sécularisation des principautés ecclésiastiques et sur l'effort de reconquête spirituelle de l'Allemagne par les jésuites. Sur le plan politique, on constate d'abord un déclin des villes, à quelques exceptions près, et un renforcement du pouvoir des princes aussi bien sur leurs propres territoires que dans l'Empire lui-même. Ils obligent l'empereur à respecter les libertés germaniques, les *Wahlkapitulationen,* tandis que les électeurs imposent leur consentement pour la convocation du Reichstag. Après la mort de Ferdinand Ier, en 1564, le pouvoir impérial s'effrite progressivement avec Maximilien II et surtout Rodolphe II. Les Habsbourg d'Autriche ne s'intéressent guère à la politique européenne, car leur attention est surtout retenue par le péril turc. Certes, ce péril est un facteur de cohésion pour l'Empire, mais le poids en repose sur les Habsbourg, dont les possessions territoriales, jouxtant celles de l'Empire ottoman en Hongrie royale et en Croatie, forment un rempart. Les Habsbourg échouent dans leur tentative de reconquête de la Hongrie ottomane et doivent même payer un tribut au sultan de Constantinople entre 1562 et 1606.

L'Angleterre

L'Angleterre de la deuxième moitié du siècle est dominée par le très long règne d'Élisabeth (1558-1603). Ce règne est relativement calme et exempt des crises politiques ou financières qui dévastent la France et l'Espagne. La défaite de l'Armada espagnole en 1588 le nimbe d'une véritable auréole. Il est aussi marqué par une éclatante effervescence culturelle et artistique dont la cour et la ville de Londres sont le théâtre, et dont la reine, l'aristocratie et la *gentry* sont les agents.

Singulier personnage que celui de la reine Élisabeth, que ses sujets appellent familièrement *The Virgin Queen, Gloriana, Queen Bess, The Faerie Queen.* C'est incontestablement une femme intelligente, cultivée, douée d'un réel sens politique fait de réalisme, de patience, de ténacité. Elle entretient avec l'argent des rapports difficiles. Elle aime le luxe et l'ostentation, mais son avarice, du moins à l'endroit d'autrui, est notoire. Elle peuple son Conseil de collaborateurs à qui elle reste en général fidèle. Le Conseil comprend peu d'aristocrates, mais plutôt des membres de la petite noblesse ou même des roturiers : Cecil, plus tard Lord Burghley, qui reste en poste de 1558 à 1598, Walsingham, Leicester, Hatton, Bacon. Elle sait arbitrer avec tact les profondes divergences qui les divisent souvent.

Le premier problème auquel elle doit faire face est la question religieuse. La reine est, par conviction autant que par nécessité, protestante. À son avènement, les catholiques sont encore très nombreux, notamment dans le Nord et l'Ouest. Et pourtant, en s'appuyant sur les Communes, elle réussit à imposer le protestantisme sans recourir, du moins au début, à la coercition. De religieux, le problème devient bientôt politique. La révolte des nobles catholiques du Nord en 1569, l'excommunication de la reine par Pie V l'année suivante, la présence en Angleterre de Marie Stuart que d'aucuns espèrent voir devenir reine à la place d'Élisabeth, la détérioration des rapports avec l'Espagne et enfin les complots dont la reine est la cible montrent l'ampleur du danger.

Élisabeth ne bouleverse pas les institutions. Elle prise peu le Parlement, qu'elle ne convoque que 13 fois en 45 ans de règne. Mais elle sait qu'il est un rouage essentiel pour le bon fonctionnement de l'État, pour des raisons à la fois fiscales et législatives, et aussi parce qu'il compte des hommes expérimentés et compétents. Elle réforme l'administration des comtés mais, sur le plan social, son action est discrète. Le *Statute of Artificers* de 1563 porte sur les modalités de l'apprentissage et l'utilisation des chômeurs pendant les moissons. Les *Poor Laws* de 1601 enjoignent les paroisses de s'occuper des pauvres.

Dernière des Tudor et destinée à le rester par un célibat, choisi ou subi, elle fait tout pour que celui-ci soit glorieusement célébré. Elle l'impose à son Conseil et au Parlement et laisse flotter, pendant tout son règne, la question de la succession. Après de nombreux projets de mariage, elle désigne comme héritier Jacques VI d'Écosse, fils de Marie Stuart.

La France

La mort accidentelle d'Henri II en 1559 affaiblit le pouvoir royal et encourage les grands lignages catholiques et protestants à s'imposer auprès de François II, un adolescent de quinze ans. La conjuration d'Amboise, ourdie en 1560 par des gentilshommes huguenots pour libérer le roi de l'influence des Guise catholiques, ne s'explique pas autrement. Deux ans plus tard, le massacre de Wassy, perpétré par les soudards du duc de Guise, ouvre la période des guerres de Religion, huit en tout, qui vont perdurer jusqu'en 1598. Ce sont des guerres religieuses, certes, même si elles se travestissent souvent en affrontements politiques. La faiblesse du pouvoir royal dicte à François II la voie du compromis, fondé souvent sur des expédients. Lorsque le roi prend peur, il lui arrive de s'abandonner à la violence. Cette situation inconfortable suscite d'utiles réflexions sur la notion de concorde, c'est-à-dire un accord tacite entre les deux adversaires — plutôt que sur celle de tolérance, très largement étrangère aux hommes du XVIe siècle —, et aussi sur les différentes voies qui s'offrent au pouvoir monarchique pour la concrétiser. Protestants, ligueurs et politiques s'affronteront âprement sur ces sujets. La crise de la succession royale, ouverte en 1584, pose en outre la question de la prééminence de la loi religieuse sur la loi laïque. Cette crise, en apparence purement française, met aussi en lumière le grand débat de l'époque qui oppose les tenants d'une monarchie autoritaire et ceux qui prônent un pouvoir partagé et décentralisé. Les modèles respectifs sont l'Espagne de Philippe II et les Provinces-Unies.

Jusqu'en 1572, Catherine de Médicis, veuve d'Henri II et régente de fait du royaume, conseillée par Michel de L'Hospital, tente d'affirmer son autorité en imposant la concorde entre les partis catholique et protestant. Le colloque de Poissy en 1562, le grand tour de France qu'elle effectue entre 1564 et 1566 avec son fils Charles IX, monté sur le trône en 1560, et les traités de paix ou édits qui concluent chacune des trois premières guerres qui se déroulent entre 1562 et 1570 en témoignent. Mais l'appui apporté par les huguenots aux sujets révoltés du roi d'Espagne aux Pays-Bas, voire les rumeurs d'intervention militaire de la France suscitent l'ire de Philippe II et de Pie V qui exigent un engagement ferme du roi en faveur du catholicisme. Leurs pressions, relayées par les Guise, finissent par persuader Charles IX et Catherine de Médicis de faire exécuter les principaux chefs huguenots les 23 et 24 août 1572. Mais ces exécutions sélectives dégénèrent en une tuerie incontrôlée, menée à la fois par les notables catholiques et une populace enfiévrée par les exhortations à la violence des prédicateurs. Environ 3 000 huguenots trouvent la mort à Paris et quelque 8 000 ou 9 000 en province.

La Saint-Barthélemy suscite, selon le cas, joie ou stupeur. En France, elle contribue à affaiblir l'autorité morale et politique du pouvoir royal. Sans remettre en cause leur fidélité à la monarchie, les huguenots entreprennent de fixer les bornes qui limitent son arbitraire. C'est ce que proposent, dans leurs écrits, les monarchomaques comme Théodore de Bèze et François Hotman. Dans le Midi, ils mettent en place, à partir de 1573, un pouvoir politique autonome, les Provinces de l'Union, fondé sur un régime d'assemblées urbaines ou provinciales, mais dans le cadre du royaume. Les catholiques zélés, irrités par les libertés accordées aux huguenots par l'édit de Beaulieu, dit paix de Monsieur, répliquent par la constitution de ligues provinciales qui exigent la restauration des franchises et libertés locales et le contrôle du pouvoir royal par les états généraux, ce que les députés aux états de Blois, en 1577-1578, reprendront à leur compte. Au contraire, ceux que l'on commence à appeler les « politiques » proposent le rétablissement d'une monarchie forte, mais tempérée par ce qu'Étienne Pasquier appelle la « civilité de la loy ». Jean Bodin lui donnera un cadre théorique élaboré dans la *République* (1576).

Sans doute Henri III, monté sur le trône en 1574, mérite-t-il mieux que sa réputation. Il a d'indéniables qualités politiques et sait proposer d'utiles réformes administratives et législatives. Mais son esprit d'indécision le dessert cruellement. Pierre de L'Estoile dit de lui qu'il aurait été un « très bon prince s'il eût rencontré un bon siècle ». L'œuvre de redressement qu'il a entreprise est brutalement compromise par la mort de son frère, François d'Anjou, en 1584. Selon les règles de la loi salique, son cousin Henri de Navarre est son plus proche héritier. Mais son protestantisme le rend inacceptable aussi bien pour le roi d'Espagne et le pape que pour les catholiques français.

En 1585, la grande famille catholique des Guise, qui souhaite contrôler étroitement le pouvoir royal, fonde la Ligue des princes et en prend la tête. Plus solidement constituée, la Ligue parisienne, apparue la même année, est formée en grande partie de marchands, de boutiquiers, d'avocats et d'officiers de rang inférieur. Le Conseil des Seize la chapeaute ; des ligues provinciales se constituent dans son sillage. Bien que les deux ligues s'accordent sur le principe d'une monarchie limitée et indissolublement liée au catholicisme, de même que sur la nécessité de remplacer le huguenot Henri de Navarre par le cardinal de Bourbon en tant qu'héritier du trône, elles n'ont guère de motifs de s'entendre, en raison tant de leur composition sociale que des institutions qu'elles prônent. Alors que les ligueurs parisiens rêvent d'une confédération de villes largement autonomes, les ligueurs guisards insistent davantage sur les droits de la noblesse. À tout le moins les deux ligues peuvent-elles compter sur l'appui du pape Sixte Quint, qui excommunie et prive de leurs droits de succession Henri de Bourbon et le prince Henri de Condé, lui aussi un protestant, en 1585, et aussi sur celui du roi d'Espagne, avec lequel le duc de Guise signe le traité de Joinville qui prévoit l'envoi de troupes.

Mais la guerre que les huguenots ont déclenchée permet à Henri de Navarre de montrer ses qualités militaires. L'éventualité de son accession au trône ne peut plus, désormais, être totalement écartée. Ses coreligionnaires en prennent acte, qui répudient les thèmes naguère soutenus par les monarchomaques et leurs émules.

Le duc de Guise se décide, au printemps de 1588, à rentrer dans Paris en liesse, aussitôt couvert de barricades et abandonné précipitamment par le roi. L'union des deux ligues semble consommée. Mais l'assassinat, sur l'ordre d'Henri III, du duc de Guise et de son frère le cardinal, pendant que sont réunis les états généraux de Blois en décembre 1588, désempare la Ligue des princes et contribue à la radicalisation de la Ligue parisienne. Celle-ci proclame la souveraineté du peuple et la supériorité du pouvoir spirituel sur le pouvoir temporel, répudie son obéissance au roi, qui est dès lors condamné par la Faculté de théologie et excommunié par le pape.

L'assassinat d'Henri III, le 1er août 1589, unit huguenots et politiques derrière Henri de Navarre, qu'ils considèrent désormais comme leur souverain légitime. Le roi que la Ligue se donne, le cardinal de Bourbon, devenu Charles X, n'a d'autre légitimité que d'être catholique. Sa mort, l'année suivante, prive définitivement la Ligue de son ancrage monarchique.

À Paris, le climat d'effervescence religieuse, la hantise de l'hérésie, la faim, mais peut-être aussi le ressentiment contre la « grande robe », c'est-à-dire la haute magistrature, provoquent en 1590 l'épuration du parlement et, le 15 novembre 1591, l'exécution du président Brisson et de deux autres magistrats accusés de mollesse.

Henri IV ne manque pas d'atouts. Sur le plan militaire, il a remporté d'impressionnantes victoires, dont celle d'Ivry. Il symbolise de plus en plus la légitimité politique, la fierté nationale, la paix. Les états généraux que Mayenne, le frère du duc de Guise, a convoqués à Paris en 1593 sombrent dans le ridicule. Le parlement promulgue alors l'arrêt de la loi salique qui légitime définitivement les droits à la couronne d'Henri IV. Un ouvrage collectif rédigé par les politiques, la *Satyre Ménippée* (1594), achève de discréditer les ligueurs. Dès lors se pose la question de la conversion du roi.

Au risque de choquer ses coreligionnaires huguenots, Henri IV sait que sa conversion est le seul choix qui s'offre à lui. Conviction personnelle, peut-être ? Nécessité politique, sans aucun doute. Il abjure donc le 25 juillet 1593, est couronné à Chartres le 27 février 1594 et absous par le pape l'année suivante.

Reste à régler le ralliement des ligueurs. Les chefs monnayent âprement et chèrement leur soumission. Honneurs et pensions apaisent leur appétit. Les villes se soumettent les unes après les autres. Pour se débarrasser des Espagnols, Henri IV leur déclare la guerre en janvier 1595. Elle prend fin en 1598 avec la paix de Vervins. La même année, bravant l'hostilité des catholiques et la méfiance des huguenots, Henri IV signe l'édit de Nantes. Cet édit ne représente certes pas un geste de tolérance, mais bien un accommodement qui accorde aux huguenots une assez large liberté religieuse et le contrôle d'institutions politiques et militaires, comme les villes de sûreté, qui jouissent d'une réelle autonomie. Ce texte, dicté par les circonstances, ne satisfait en réalité personne. Il porte en germe de futurs affrontements.

Aux marches de l'Europe

L'Europe du Nord et, plus encore, l'Europe de l'Est sont en retrait par rapport aux grands pays occidentaux. L'importance des relations économiques ne peut masquer le fait que ces royaumes comptent pour peu dans l'échiquier diplomatique occidental.

L'union des trois royaumes scandinaves, Danemark,

Suède et Norvège, est de plus en plus fragile. Supportant difficilement la tutelle du Danemark, la Suède lui porte le coup de grâce. Les régents Sten Sture l'Ancien et Sten Sture le Jeune prennent la tête du mouvement d'opposition qui se termine en 1520 par le « bain de sang » de Stockholm où périssent 80 notables. Ce massacre mène à la rupture de l'Union de Kalmar et à l'accession au trône de Gustave Vasa en 1523. Monarque absolu, ce dernier cesse de convoquer la diète, le Riksdag, et introduit la Réforme protestante. C'est sous son règne que commence la lutte contre la Pologne et la Russie pour la domination de la Baltique. Ses trois fils ne poursuivent pas sa politique.

La rupture de l'Union de Kalmar permet au Danemark de s'approprier la Norvège. Puissance modeste, désormais, sur le plan politique, le Danemark connaît une véritable prospérité économique grâce à la paix sociale et surtout aux péages du Sund, détroit par où transite la circulation maritime entre la mer du Nord et la mer Baltique.

En Pologne, les rois Jagellon réussissent à jouer un rôle politique important en dépit des prétentions de la diète à contrôler leur action législative. En 1569, ils lui font entériner l'union définitive de la Pologne et de la Lituanie, dite Union de Lublin. À la mort du dernier Jagellon, en 1572, la diète se réapproprie le droit d'élire le souverain et choisit successivement Henri de Valois en 1573, Étienne Bathory en 1574 et Sigismond III Vasa en 1587. Son instabilité intérieure n'empêche pas la Pologne de mener une politique extérieure active. La création du duché de Prusse, en 1525, par le dernier grand maître des chevaliers Teutoniques ne remet pas en cause la vassalisation de ce territoire, acquise en 1466. La Pologne profite de la disparition des chevaliers Porte-Glaive en 1561 pour s'approprier la Livonie et faire de la Courlande un duché vassal, empêchant, du même coup, la Russie de prendre pied en mer Baltique.

La Moscovie prend réellement son essor au XVe siècle sous le règne d'Ivan III. L'annexion de territoires et la fin de la domination mongole en 1480 amènent ce souverain à exprimer d'autres prétentions. Marié à Sophie Paléologue, nièce du dernier *basileus* (empereur) byzantin, il fait de Moscou la « troisième Rome ». Mais c'est Ivan IV, dit le Terrible, qui instaure l'autocratie en Russie, symbolisée par le titre de *tsar (Cesar),* qu'il s'approprie. Pour affermir son contrôle sur l'appareil gouvernemental, il crée l'*opritchina,* une administration parallèle dotée de pouvoirs considérables. Il encourage le développement d'une véritable noblesse de service et généralise le servage. Sa politique extérieure est fondée sur l'accès de la Russie à ses mers limitrophes. Il ne réussit ni à atteindre la mer Noire ni à s'établir durablement en mer Baltique. Il noue néanmoins des relations commerciales suivies avec l'Angleterre via le port d'Arkhangelsk, sur la mer Blanche. Enfin, il amorce la conquête de la Sibérie. Après la mort de son dernier fils en 1598, la Russie entre dans le *Smuta* (le Temps des troubles), qui ne se termine que par l'accession au trône de Michel Romanov en 1613.

Chapitre II

Société et économie

S'il est un terme qui caractérise bien la société et plus encore l'économie européennes au XVIᵉ siècle, c'est celui d'essor. Après la crise économique et démographique de la fin du Moyen Âge, dont les effets pervers s'estompent lentement, l'Europe voit sa population s'accroître, sa bourgeoisie et ses grands propriétaires terriens s'enrichir, la production de biens de consommation se développer et leur circulation s'accélérer. Grâce aux grandes découvertes, elle domine désormais les voies maritimes. Il est non moins vrai que des forces rétrogrades subsistent, freinant le développement quand elles ne le paralysent pas, que la société rurale et la société urbaine conservent bon nombre de leurs traits traditionnels, que la pauvreté s'aggrave. Enfin, les progrès techniques ne suivent pas toujours le mouvement du siècle.

Population et vie privée

L'essor démographique, en gros à partir de 1450, est un fait avéré. En dépit du silence ou de l'imprécision des sources, les historiens arrivent aujourd'hui à avancer des approximations plausibles et des ordres de grandeur des structures démographiques et des mouvements de population. La vie familiale est mieux connue, et singulièrement son cadre, sa dynamique interne, les sentiments qui s'y développent. Les nombreuses recherches sur l'histoire des femmes qui ont été entreprises dans les trente dernières années ont donné lieu à des résultats dont on n'aurait jamais pu soupçonner l'ampleur.

La démographie

Ce n'est qu'à partir de la deuxième moitié du XVe siècle que l'Europe commence à se relever de la saignée démographique provoquée par la peste noire et ses séquelles. Cette reprise se poursuivra d'une manière soutenue jusqu'à la deuxième moitié du XVIe siècle. Les contemporains s'en rendent compte et s'en réjouissent, tels Claude de Seyssel dans *La Grant Monarchie de France* (1519), qui s'étonne de la « copiosité du populaire », et Jean Bodin dans sa *République* (1576), pour lequel « il n'y a ny richesse ny forces que d'hommes ». Mais ils auraient été bien incapables de chiffrer cet essor.

Dans ce monde d'avant la statistique, les données chiffrées servaient surtout à des fins fiscales, religieuses ou militaires. Nous n'avons d'autre choix que de les utiliser et d'en tirer le meilleur parti. Et encore s'offrent-elles diverses, éparses, imprécises ; et les séries ne sont jamais très longues. En outre, elles ne comptent pas les individus mais les « feux », soit quatre ou cinq personnes. Il existe cependant quelques rares dénombrements, toujours partiels, qui concernent tout au plus une ville ou une région. Le plus connu et le plus remarquable, sans aucun équivalent à l'époque, est le *Catasto,* le cadastre florentin de 1427-1430 qui relève l'âge, le sexe et la richesse des quelque 128 000 habitants de la ville et de son *contado,* sa campagne.

Les documents les plus susceptibles d'être utilisés sont les registres paroissiaux de baptême, de mariage et de sépulture. Toutefois, en dépit des dispositions de Thomas Cromwell en Angleterre en 1539, des ordonnances de Villers-Cotterêts en 1539 et de Blois en France en 1579 et des prescriptions du concile de Trente en 1563, ils sont encore assez peu nombreux au XVIe siècle.

Il est néanmoins possible de présenter quelques données chiffrées. La population de l'Europe, vers 1500, oscillait entre 60 et 70 millions d'habitants. Elle aurait grimpé à près de 80 millions vers 1600. L'Angleterre serait passée d'un peu plus de 2,5 millions à 4,5 millions pendant la même période ; la France de 16 à 20 millions ; l'Italie d'un peu plus de 10 à 13 millions. La population était très inégalement répartie : très dense aux Pays-Bas, beaucoup plus clairsemée en Sicile. Bien que les ruraux aient été majoritaires, entre 85 et 90 % de la population, certaines villes comme Paris et Rome dépassaient 200 000 habitants à la fin du XVIe siècle.

Le taux de nuptialité était élevé. Si l'on excepte les clercs, dont le nombre oscillait vraisemblablement entre 1 et 2 % de la population, le célibat était rare. Il semble bien qu'on se mariait à un âge précoce, à peu près 20 ans pour les femmes, 24 ou 25 ans pour les hommes. La période de fécondité des femmes mariées, d'une durée d'environ 20 ans car la ménopause survenait tôt, permettait la naissance de six à huit enfants. Sauf dans les classes supérieures où elles étaient fréquentes, les naissances illégitimes demeuraient relativement rares : probablement moins de 5 %. Mais il fallait aussi compter avec les grossesses qu'un mariage légitimait opportunément. Les mesures contraceptives, les « funestes secrets », au moins sous une forme rudimentaire, n'étaient sans doute pas entièrement inconnues, surtout dans le monde de la galanterie, et l'allaitement permettait de retarder une prochaine grossesse dans 75 à 80 % des cas. Les abandons, les avortements, voire l'infanticide, bien qu'impossibles à chiffrer, étaient sans doute assez nombreux.

Le taux de mortalité était important. Les crises de subsistance qui provoquaient des famines, souvent meurtrières et toujours graves, l'hygiène à peu près inexistante et l'impuissance de la médecine face à la peste, à la typhoïde, à la malaria, aux « flux de ventre », creusaient les rangs de la population. Chez les nourrissons, le mode d'allaitement autre que le sein présentait de nombreux dangers. L'habitude des classes moyennes de mettre leurs nouveau-nés en nourrice à la campagne provoquait de véritables hécatombes en raison des aléas du voyage et de la négligence de ceux qui en avaient la responsabilité. Le taux de mortalité des jeunes enfants semble avoir été de

25 % avant les deux premières années et de 25 % encore avant l'âge adulte. Passé ce cap, les perspectives de vie s'amélioraient, sauf pour les femmes dont les décès *post partum* sont demeurés fréquents tout au long de cette période. Aussi l'espérance de vie à la naissance ne devait-elle pas dépasser 30 ou 35 ans.

La population était loin d'être sédentaire. Le va-et-vient entre la campagne et la ville était constant, tout comme les migrations entre pays ou continents : les Français vers la Catalogne, les Espagnols vers l'Amérique, ou encore les expulsions pour causes de race ou de religion qui vont frapper quelque 150 000 juifs en 1492 et 300 000 morisques entre 1609 et 1614.

Hommes et femmes en société

La famille demeure la cellule de base de la société. Ne pas avoir de famille apparaît toujours comme une anomalie et un désavantage. La famille peut être conjugale, la forme la plus courante, ou élargie, et elle peut alors englober ascendants, descendants et collatéraux. Elle se forme par le mariage d'un homme et d'une femme dont la légalité et la légitimité sont sanctionnées par l'Église. L'absence de descendance est suspecte et éveille l'inquiétude de la communauté ainsi que celle des clercs. Dès le XIIᵉ siècle, l'Église a mis en place les fondements canoniques et spirituels du mariage dont elle estime être le seul juge, ce que l'État contestera de plus en plus.

Le mariage n'est pas seulement une institution, mais aussi une communauté affective. Cette union d'un homme et d'une femme repose d'abord sur le choix du conjoint, qui obéit à toutes sortes d'impératifs, dont l'amour n'est pas toujours le plus important. Le mariage de raison ou d'intérêt s'impose chez les élites ; dans les milieux plus modestes, où le respect des convenances importe aussi, il existe néanmoins plus de latitude et la liberté d'aimer y est sans doute plus prononcée. Il n'est pas impensable que ces unions convenues aient fini par engendrer des sentiments amoureux, à tout le moins des sentiments affectueux. Mais à quelle aune les mesurer ? Le remariage rapide des veufs et parfois des veuves, qui obéissait à de pressants motifs pratiques, n'est nullement le signe infaillible de l'indifférence et de l'oubli.

L'enfance, surtout la petite, est une période dangereuse où la mort rôde constamment. La pauvreté des sources ou la pudeur des témoins ont pu laisser croire que le sentiment maternel (et aussi paternel) était à peu près absent. Les plus récents travaux nous incitent à penser autrement. La disparition d'un enfant, redoutée autant que pressentie, suscitait la résignation tout autant que le chagrin. Pendant les six ou sept premières années de son existence, l'enfant vit dans un univers féminin. Après, les garçons sont pris en main par les hommes, soit pour travailler à la boutique ou aux champs, soit pour fréquenter la petite école et ensuite le collège. Quant aux filles, elles sont élevées pour devenir à leur tour épouses et mères, soit à la maison, soit au couvent.

La situation des femmes ne se démarque guère de celle qui prévalait au Moyen Âge. L'image qu'elles projettent est toujours au mieux ambiguë, au pire infériorisante. Constamment observées et jugées, elles n'existent pas par elles-mêmes, mais à travers le regard d'autrui, celui des poètes, des peintres, des moralistes, des hommes de loi. Les femmes apparaissent ainsi comme des êtres contrastés. À la fois Ève ou Marie, saintes ou sorcières, Desdémone ou Lady Macbeth, ou encore la Célestine dans la pièce du même nom écrite par Rojas (1499), qui porte en elle toute la palette de ces oppositions. Êtres imparfaits selon les théologiens, qui suivent en cela Aristote et ses commentateurs médiévaux, plus portées sur la passion que sur la raison, fortes et fragiles en même temps, les femmes sont proches des forces maléfiques et détiennent un savoir occulte relié aux sources profondes de la vie, qui entre en contradiction avec le pouvoir intellectuel prétendument possédé par les hommes. Leur nature les rend particulièrement susceptibles de tomber dans les rets du démon et de devenir des sorcières. Le *Marteau des Sorcières* (1486), de Sprenger et Istitutoris, inaugure la grande période de la chasse aux sorcières en même temps qu'il fournit aux procès pour sorcellerie son fondement juridique et ses règles de procédure.

Aussi les femmes doivent-elles être soumises aux hommes, qui fixent les normes sociales, religieuses, intellectuelles, voire esthétiques auxquelles elles doivent se conformer. Ces normes sont diffuses, quoique parfaitement cohérentes et rarement en contradiction les unes avec les autres. Cet encadrement s'exerce dans tous les domaines. Après avoir vécu sous la férule de son père, la femme tombe sous celle de son mari, qui jouit d'un droit de tutelle sur elle et sur ses biens, au point de la priver de toute personnalité juridique, ou presque. Il convient, en réalité, d'apporter de nombreuses nuances. À cet égard, veuves et célibataires sont mieux loties. Sur le plan religieux, l'Église n'accorde guère de place à la femme : elle est exclue de la hiérarchie, de la réflexion théologique et de l'exercice du culte. Mère encadrée par sa famille, religieuse confinée dans l'espace clos du couvent et soumise à la règle, la femme n'existe que par sa fonction et pour son entourage. En vérité, elle est constamment source de danger.

Sauf exception, les femmes ne jouent aucun rôle en politique. La symbolique royale réserve toujours aux reines une place inférieure. En France, la loi salique les exclut explicitement de la succession au trône. Les penseurs leur nient, parfois brutalement, toute aptitude à y exercer quelque fonction. Par exemple, John Knox lance contre Marie Tudor, en 1558, son pamphlet *The First Blast of the Trumpet against the Monstruous Regiment of Women,* et Jean Bodin, dans sa *République,* estime que la « gynécocratie » est contre les lois de la nature et celles de Dieu. Et pourtant, plusieurs femmes, et non des moindres, exercèrent un véritable pouvoir politique par droit de succession, comme Isabelle de Castille, Marie Tudor, Marie Stuart et Élisabeth Ire, ou par « accident », comme Louise de Savoie, Marguerite d'Autriche et Catherine de Médicis. Sans compter les maîtresses royales, dont le rôle politique fut peut-être plus important que ne le laissent entrevoir les histoires de bagatelle ou d'alcôve.

Les femmes ont-elles pu bénéficier d'un espace de transgression et de liberté ? Il semble que ce soit dans la haute bourgeoisie humaniste et dans la société de cour qu'elles aient eu quelque chance de l'obtenir. C'est là, en tout cas, qu'est débattue la question de leur formation intellectuelle. Quelques auteurs y vont de leurs suggestions. Vivés, dans *De l'éducation de la femme chrétienne* (1524), et Érasme, dans ses *Colloques,* sont partisans d'une éducation des femmes, moins par souci de justice, en vérité, que pour les arracher, par une catharsis ou une purification, au vice et à l'ignorance et ainsi faciliter leur insertion dans la société des hommes. Rabelais célèbre l'harmonie intellectuelle qui doit exister entre hommes et femmes dans la description de l'abbaye de Thélème figurant dans son *Gargantua.* Castiglione, dans *Le Livre du Courtisan* (1528), trace le portrait de la parfaite femme de cour, dont la fonction n'est pas seulement ornementale. Par sa culture, sa conversation et ses qualités artistiques, elle peut devenir l'arbitre de la distinction et du bon goût contre la grossièreté des hommes. Il s'agissait de valeurs morales et intellectuelles propres à l'humanisme que les femmes, pensait-on, étaient capables d'acquérir et d'intérioriser.

Qu'en est-il au juste ? Sans doute des hommes cultivés donnent-ils à leurs filles une éducation soignée. Margaret Roper, fille de Thomas More et excellente latiniste, Mildred et Ann Cook, filles d'Anthony Cook, le grand érudit anglais, et hellénistes réputées, sont là pour en témoigner. Mais on peut supposer que cette formation était essentiellement à usage privé, pour la conversation, la correspondance, le journal intime. Il en allait de même pour les beaux-arts et la musique.

Et pourtant, des femmes ont résolument transgressé les normes. Marguerite de Navarre tint une cour réputée à Nérac et écrivit des ouvrages qui lui auraient mérité l'Index des livres interdits de l'Église si elle n'avait été sœur et femme de roi. Il en va de même pour toutes celles qui écrivirent des œuvres qu'on pourrait qualifier de libres, comme la poétesse lyonnaise Louise Labé ou Marie de Gournay, l'égérie de Montaigne. Plus dangereuses, à tout le moins pour l'Église, furent les mystiques comme Catherine de Gênes, à la fin du XVe siècle, et surtout Thérèse d'Avila, réformatrice des carmélites, auteure de nom-

breux traités de mystique, dont le *Château de l'âme,* et…
femme d'affaires avisée. Ces mystiques bousculaient tous
les canons en conversant librement avec Dieu dans un climat de « démesure », hors de toute médiation ecclésiale.

Les structures sociales

En s'inspirant des propos d'Adalbaron de Laon
(XIe siècle), théoriciens et juristes du XVIe siècle pensaient
que la société était divisée en trois ordres : ceux qui
prient, ceux qui combattent, ceux qui travaillent. Cette
conception ne rendait évidemment pas compte de la
complexité de cette société, mais correspondait sans
doute à l'idée que les contemporains s'en faisaient. Société d'ordres, société de classes : les grands débats histo-
riographiques des années 1960 sont aujourd'hui apaisés.
Il n'empêche que l'historien doit, à tout le moins, essayer
d'identifier les grandes catégories sociales. Il y a d'abord
le clergé, dont il sera largement question au chapitre III ;
ensuite la noblesse, qui possède tout de même une certaine cohérence ; enfin, la société urbaine et la société rurale dans toute leur diversité.

La noblesse

La noblesse existe dans tous les pays d'Europe. Elle
jouit partout, et de l'aveu de tous, de privilèges qui va-
rient considérablement et de droits qui impliquent en
contrepartie des devoirs. Sa légitimité repose sans doute
sur la tradition et la continuité, mais aussi sur une manière de vivre, sur un système de valeurs, sur des « vertus » comme le sens de l'honneur, la *honra* espagnole, le
courage, la loyauté, la magnanimité, et enfin sur des qualités sociales, la solidarité avec le lignage et avec les
autres nobles, le service du roi. Tout cela justifie la place
éminente qu'elle occupe dans la société et le rôle qu'elle
entend y jouer. C'est là où elle se distingue de la roture.
Jouissant de l'estime de tous, les nobles sont, de ce fait,
les chefs naturels de la communauté tout autant que ses
défenseurs, de même que les conseillers obligés du
prince. C'est la raison pour laquelle ils siègent dans les

assemblées d'État et s'attendent à faire partie du conseil privé. La noblesse se transmet par l'hérédité, et c'est le « sang bleu », comme l'on dit en France, qui permet la transmission des « vertus ». Celles-ci doivent être constamment pratiquées pour ne point s'évanouir. En France, les nobles ne peuvent se livrer à des activités « dégradantes » comme le commerce ou les arts mécaniques, sous peine de déroger, c'est-à-dire de déchoir, ce qui conduit à la perte de la noblesse. Pour pallier l'extinction progressive des lignages et pour faire droit aux souhaits des élites, les souverains créent des nobles, avec parcimonie cependant, notamment en Angleterre. En France, l'exercice de certaines charges est considéré comme anoblissant, ce qui permet aux robins d'accéder, moyennant finances tout de même, à la noblesse. Au grand dam des souverains, il arrive que l'on y accède subrepticement, quitte à obtenir par la suite confirmation, à plus ou moins chers deniers.

En dépit de son unité apparente, la noblesse est en réalité hiérarchisée. Des valeurs communes et un sentiment d'appartenance ne peuvent effacer l'ampleur de la fortune, l'étendue du pouvoir, la hiérarchie des titres et l'éclat des dignités.

En Angleterre, la seule véritable noblesse est la *nobility,* celle qui siège à la Chambre des pairs ; elle compte en gros une cinquantaine de familles. La *gentry* est composée de chevaliers, d'écuyers et de centaines de nobles non titrés. Dans l'Empire, il existe une distinction de droit entre les *Herren* (les seigneurs) et les *Ritter* (les chevaliers). En Espagne, il faut séparer les titrés, *titulos* en Castille, *ricos hombres* en Aragon, parmi lesquels se distinguent les *grandes,* soit 250 familles environ, et les non-titrés constitués par les chevaliers, *caballeros* en Castille et *infanzones* en Aragon, et les gentilshommes, *hidalgos* en Castille et *ciutadans honrats* en Aragon. La situation est la même en France. Tout sépare les princes du sang, les princes réputés étrangers, la noblesse de robe, les vieux lignages, des hobereaux. Il en va de même pour l'Italie avec les grands latifundiaires du Mezzogiorno, les nobles vénitiens ou les nobliaux piémontais. Quant à la noblesse polonaise, la *slachta,* très nombreuse, elle se targue de l'*aequalitas* (égalité), qui règne dans ses rangs. Les nobles de moindre volée y veillent jalousement.

La société urbaine

À la fin du Moyen Âge, le déclin politique des villes est à peu près partout consommé. En France comme en Angleterre, celles-ci sont définitivement tombées sous la coupe du pouvoir royal. En Italie, la plupart d'entre elles ont été englobées dans des ensembles territoriaux plus vastes. En Europe de l'Est, la grande république urbaine de Novgorod est conquise par la Moscovie en 1478. Seules les villes d'Empire *(Reichstädte)* et les villes libres *(Freiestädte)* ont conservé leur indépendance, même si leur poids politique s'est effiloché au profit des grandes principautés.

Il n'empêche que la fonction économique et sociale des villes de même que le prestige de certaines d'entre elles s'affirment à la mesure du rôle qu'elles jouent dans l'essor de l'Europe dès la fin du XVe siècle. Métropoles commerciales et bancaires, ports ou plus modestement villes de foire, elles apparaissent comme le moteur du dynamisme économique, le creuset de la croissance, le lieu par excellence, enfin, où se déploie le nouveau visage de l'Europe dans ses manifestations spirituelles, intellectuelles et artistiques. Capitales, comme Paris, Londres, Naples, Rome, elles bénéficient du prestige et des avantages de tous ordres que procure le pouvoir royal ou pontifical. Simples villes de province, elles abritent évêché, tribunal ou université. Dans un cas comme dans l'autre, une élite dominatrice et de plus en plus sûre d'elle-même impose sa férule, son style de vie, sa culture. La ville aspire à se distinguer du « plat pays » par la haute idée qu'elle se fait d'elle-même. Les fêtes qu'elle organise célèbrent avec force symboles sa puissance, son caractère unique et la fascination qu'elle exerce sur ses propres habitants autant que sur les voyageurs de passage. « Joyeuses entrées » aux Pays-Bas, « entrées royales » en France, *Lord Mayor's Show* à Londres, *Schwörtagen* en Allemagne méridionale, Fête-Dieu partout, mais aussi le carnaval qui permet à la population de se défouler, de marquer sa cohésion, sans remettre en cause l'ordre établi, sinon d'une manière purement symbolique. Dans les villes françaises en particulier s'ajoute la fierté de parler la langue du roi, langue de l'élite et langue de prestige, qui relègue peu à peu l'idiome local dans les ténèbres extérieures.

Les palais, les églises, les places des villes italiennes, les maisons à pignon patriciennes des villes du Nord, les hôtels de ville allemands montrent enfin une volonté délibérée de maîtriser l'espace urbain. Quelle ville mieux que Rome pouvait entreprendre les gigantesques travaux d'urbanisme nécessaires à son embellissement : trente rues percées, une soixantaine de palais et autant d'églises, des aqueducs, des égouts, des fontaines. Délabrée et désertée vers 1450, la ville est devenue, cent ans plus tard, majestueuse, belle et agréable.

Orgueilleusement retranchée derrière ses murs et ses portes, la ville n'est pourtant jamais totalement à l'abri de l'adversité. Un siège, une occupation étrangère sont vivement ressentis comme une anomalie dans le cours des choses. En outre, elle est constamment menacée par les épidémies que la promiscuité et une hygiène déplorable propagent rapidement ; elle n'en finit pas de chasser les vagabonds qui s'y pressent ; elle peine à organiser un ravitaillement qu'une mauvaise récolte peut compromettre.

Les relations que la ville entretient avec la campagne sont toujours marquées au coin de l'ambiguïté. Ces liens sont d'abord économiques. La ville dépend de la campagne proche pour son alimentation, mais aussi pour d'autres produits indispensables comme le bois, la pierre, le plâtre, les textiles. Plus la ville est peuplée, plus l'aire d'approvisionnement est étendue. Les liens sociaux sont tout aussi importants. Nombre de ses habitants sont d'origine rurale immédiate : domestiques, gagne-petit, artisans, mais aussi fils de paysans aisés. Par ailleurs, maraîchers et vignerons partent chaque matin travailler sur leur lopin de terre situé à proximité. En réalité, peu osent se targuer d'avoir des ancêtres citadins au delà de la troisième ou de la quatrième génération. Les bourgeois à l'aise prennent l'habitude d'acquérir une « maison aux champs » et des « biens au soleil », qui assurent leur alimentation et leur servent de refuge en été ou en temps d'épidémie, en plus de se gagner le respect, à la fois flatteur et utile, des « culs-terreux » et autres « rustres » qui leur sont soumis.

Les villes ont conservé des institutions, généralement définies par une charte, qui remontent au Moyen Âge. Elles sont gouvernées par un conseil formé d'un maire ou d'un bourgmestre et d'échevins, qui est coopté ou élu par un corps électoral restreint. Elles conservent des privilèges qu'elles défendent jalousement pour garder leur identité et ce qui leur reste d'autonomie politique, que le pouvoir royal grignote toujours davantage.

La population urbaine est très diversifiée. À Paris, à Londres ou à Rome, la fonction gouvernementale attire les membres des grands corps de l'État, les courtisans de tout poil, les étrangers et tous ceux, petits ou grands, qui en vivent. Sauf en Italie, et singulièrement à Venise, la noblesse ne réside en ville qu'occasionnellement. Selon l'importance des villes, et dans des proportions et avec une influence variables, les gens de négoce et les magistrats occupent le sommet de la hiérarchie. Ce sont eux qui se disputent âprement les charges municipales, qui symbolisent mieux que tout la réussite sociale, la promesse d'avantages personnels non négligeables et les prémices d'un destin encore plus élevé.

Les marchands, pendant quelques générations, vendent ou achètent des draps, spéculent sur le cours des céréales, acquièrent des propriétés ou des rentes, prêtent de l'argent, nouent des alliances matrimoniales fructueuses. Les plus habiles entretiennent des relations suivies avec des marchands-banquiers d'autres villes, voire de l'étranger. Le moment venu, ils réalisent leurs avoirs, en attendant de placer leurs fils dans la robe, de marier leurs filles à quelque noble, quand ils ne s'introduisent pas eux-mêmes dans la noblesse en achetant la seigneurie d'un hobereau ruiné.

Les membres de la magistrature profitent de l'essor de l'État et de son administration. Ils possèdent tous une solide formation juridique qu'ils ont acquise dans les facultés de droit les plus célèbres. Pour les Français, les Allemands et les Italiens : Toulouse, Orléans, Bourges, Bologne, Padoue, Ingolstadt, Heidelberg. Nombre d'entre eux acquièrent, souvent en Italie, le titre de *Doctor utriusque juris,* docteur de l'un et de l'autre droit, le droit civil ou romain et le droit canon. En Angleterre, ils ont appris quelques notions de droit civil ou droit canon à Cambridge ou à Oxford, mais ont acquis l'essentiel de leur formation juridique en étudiant la *Common Law* dans les *Inns of Court* ou les *Chancery Inns* londoniens. En Espagne, ils fréquentent les *colegios mayores* (les collèges supérieurs) de Salamanque, d'Alcalá ou de Valladolid. Ils peuvent ainsi occuper les principales charges, aussi bien dans les hautes sphères de l'État que dans le gouvernement local ou les cours de justice. En France, c'est par la vénalité et l'hérédité des offices qu'ils y parviennent. Ils en viennent ainsi à former de véritables dynasties, liées les unes aux autres par des alliances familiales. Leur prestige peut être considérable et ils finissent par posséder une fortune enviable, tant par l'exercice de leur métier que par les faveurs, les sinécures et les grâces qu'ils obtiennent. Pour tous, l'acquisition de la noblesse est le couronnement de la réussite d'une famille.

Avocats, notaires, médecins, marchands et chefs de métier viennent ensuite. Leurs moyens matériels et leurs pouvoirs sont médiocres, mais ils ont une importance sociale. Les meilleurs ou les plus chanceux peuvent espérer davantage. La plus grande partie de la population est composée d'artisans regroupés dans des communautés de métier. Celles-ci fixent strictement les règles et perpétuent la hiérarchie traditionnelle d'apprentis, de compagnons, de maîtres. Leur condition est toujours précaire. Le vieillissement, la maladie, le chômage chronique, une hausse soudaine du prix du pain les conduisent en quelques jours à la pauvreté. La situation des domestiques, qui sont soumis au bon vouloir de leur maître et qu'on jette à la rue sans en éprouver de scrupules, des colporteurs, des esclaves en Espagne et en Italie, des errants de toutes sortes est encore pire. En marge de la société vivent « truands » et « mauvais garçons », maque-reaux et maquerelles.

Les pauvres et les Juifs méritent qu'on s'attarde un peu sur leur sort. À la ville comme aux champs, la pauvreté apparaît comme la condition presque normale de l'existence. Elle est synonyme de faim, de maladie, de vie écourtée, d'où ces rêves de pays de cocagne où ces maux seraient hors de saison. Aux yeux des contemporains, la pauvreté est un fléau particulièrement menaçant que les autorités peinent à conjurer. Elle apparaît comme le fruit de la paresse et du vice, conduit au vagabondage et à la mendicité, quand elle ne sert pas de véhicule aux épidémies, à l'hérésie et à la révolte. Dans un ouvrage célèbre, *De l'assistance aux pauvres* (1525), Vivés tente de fournir quelques solutions. En réalité, les autorités en viennent bientôt à prendre en main le secours aux pauvres et surtout à s'efforcer de remettre ceux-ci au travail. C'est dans ce but que sont créés l'Aumône générale de Lyon en 1534 et le Grand Bureau des pauvres à Paris 10 ans plus tard, programme qui sera repris largement par les *Poor Laws* anglaises de 1601. Certains iront même jusqu'à proposer l'enfermement et la déportation.

Les Juifs sont particulièrement nombreux en Europe orientale. Ils vivent dans les villes où ils sont généralement confinés dans un quartier réservé, le ghetto, ou encore dans des communautés rurales appelées *shtetl*. Ils sont gouvernés par le Conseil de la communauté, ou Kehilleh, et n'ont que peu de rapports avec les autorités gouvernementales. Ils parlent généralement le yiddish, une langue proche de l'allemand. Ils ne subissent pas de persécutions systématiques, mais ils sont l'objet d'une universelle méfiance. En Espagne, ils sont réputés être tous catholiques depuis l'expulsion des juifs pratiquants en 1492, dont le nombre s'élevait à environ 150 000 et qui trouveront surtout refuge au Maroc, à Salonique et à Constantinople. Les *conversos* (les convertis) inquiètent les autorités, qui mettent en doute la sincérité de leur nouvelle foi. Poursuivis par l'Inquisition et parfois condamnés ou contraints à l'exil, ils subissent les Statuts de pureté de sang qui excluent de toute fonction officielle ceux qui sont d'origine juive. Et pourtant, les Européens demeurent persuadés que les Espagnols, par suite de mariages mixtes, sont à moitié juifs, ce qui alimente, au moins en partie, la légende noire antihispanique. Il n'y a guère qu'en Italie où leur situation est moins mauvaise.

La *concordia ordinium* (la concorde des ordres), qui postule l'existence d'une harmonie voulue par Dieu au sein d'une société censée être parfaite, cache mal des tensions parfois extrêmement violentes dont les villes sont les témoins. Il y a la violence des jeunes hommes regroupés dans des « royaumes de jeunesse » qui sanctionnent, par un charivari, la transgression de certaines normes, généralement d'ordre sexuel. Il peut s'agir de troubles politiques, comme la révolte des *Comuneros* en Castille, de troubles religieux, comme la dictature anabaptiste de Münster en 1535-1536 ou la Saint-Barthélemy, et enfin de troubles sociaux, souvent provoqués par la hausse des prix, comme la « grande rebeyne » de Lyon en 1529 et la révolte de Naples en 1585.

La société rurale

Le monde rural est infiniment plus complexe et moins immobile que l'idée que l'on s'en fait. Il est, en premier lieu, très structuré. Partout règne la seigneurie, institution qui varie légèrement selon les régions ; seuls les alleux, ou terres libres de toute sujétion, échappent à son emprise. La seigneurie a une fonction juridique, puisque le seigneur, protecteur et gardien de ses habitants, possède le droit de ban, c'est-à-dire celui de contraindre et d'ordonner, et le droit de justice. La seigneurie a aussi une fonction économique. Elle est habituellement divisée en trois parties : la réserve, les censives et les communaux, généralement voués au pâturage. Le seigneur exploite en faire-valoir direct sa réserve ou la loue à des fermiers, qui lui payent alors un loyer, ou à des métayers, qui partagent leur récolte avec lui. Il concède cependant la plus grande part de sa seigneurie en censives ou sous diverses autres formes de tenure à des paysans qui lui sont liés par un contrat. Celui-ci peut être à terme, comme pour les *copyholders,* en Angleterre, ou viager, transmissible ou non.

En plus du cens, ou loyer, qui est fixe, les censitaires doivent au seigneur, à même leur récolte, une rente, généralement en nature, que l'on appelle en France le champart. Ils sont enfin assujettis à la corvée. Outre les impôts seigneuriaux, les paysans doivent payer la dîme à l'Église ou à un décimateur laïque ; elle représente généralement de 8 à 10 % de la récolte. Les modalités de perception en sont fort complexes et toujours honnies. Le servage, qui liait les paysans au sol et en faisait la propriété du seigneur, est pratiquement disparu en Occident depuis la fin du Moyen Âge. Par contre, en Europe orientale, il remplace peu à peu, au cours du XVIe siècle, le système des censives. C'est ainsi que de grands propriétaires terriens comme les *Junkers* prussiens emploient des milliers de serfs.

À côté du pouvoir seigneurial s'exerce celui de la communauté paysanne, formée des habitants de la seigneurie ou de leurs représentants et qui exerce une autorité considérable. Dans ce monde clos, cette communauté constitue une importante structure de sociabilité. Elle veille au respect des lois et coutumes auxquelles doivent se plier les paysans : gestion des communaux, culture des terres, police interne, répartition de l'assiette de l'impôt de chacun. Elle traite, en leur nom, avec le seigneur, le curé, le pasteur dans les pays protestants, le décimateur, les officiers du roi. Ces négociations, souvent âpres, débouchent parfois sur de longs procès. C'est sous sa tutelle que se déroulent les grandes fêtes de solidarité paysanne que sont, par exemple, le Carnaval ou la Saint-Jean.

Le monde rural est ensuite loin d'être homogène, ou même stable. Aux inégalités d'ordre coutumier viennent s'ajouter les aléas de la conjoncture économique qui contribuent soit à les aggraver, soit à les atténuer.

Les seigneurs, qu'il s'agisse de laïcs, d'ecclésiastiques ou même de collectifs comme les communautés religieuses et les chapitres canoniaux, occupent le sommet de la hiérarchie. À vrai dire, certains d'entre eux ne se démarquent guère des paysans les plus riches, si ce n'est par les signes extérieurs de leur statut. Beaucoup ne vivent pas dans leur seigneurie, et ils sont alors remplacés par des intendants.

La masse des habitants est formée d'individus de conditions et de statuts divers. Il y a d'abord les paysans. Le vocabulaire ne rend pas facilement compte de leur condition. Il a souvent une signification économique et ses contours sont parfois flous. Citons le cas des paysans aisés, les laboureurs, *yeomen* anglais, *labradores* espagnols, dont le niveau de fortune, le prestige, voire le pouvoir sont fort variables. Les plus riches, les plus entreprenants, les « coqs de village », accaparent les terres en les achetant ou en les prenant à bail, prêtent de l'argent, exercent des fonctions administratives, dominent la communauté paysanne, concluent des alliances familiales avantageuses. Ils se comportent déjà comme les élites auxquelles ils rêvent d'appartenir. Viennent ensuite les paysans moyens, *husbandmen, landbor* suédois, *Lehenbauern* allemands, dont la situation est précaire ; les petits propriétaires, censitaires, *cottagers* anglais, *crofters* écossais ; enfin, les ouvriers agricoles comme les brassiers et manouvriers, *labourers, jornaleros pobres* (pauvres journaliers espagnols). Mais la campagne n'abrite pas seulement des paysans. Artisans, petits boutiquiers, colporteurs, vagabonds les côtoient presque quotidiennement et finissent par se confondre avec eux.

En Espagne, deux catégories de réprouvés retiennent l'attention. D'une part, les gitans, dont l'origine mystérieuse, le nomadisme, en plus des relations qu'ils entretiennent, dit-on, avec les Turcs, des pratiques magiques qui leur sont imputées et du caractère superstitieux de leur religion, en font des parias que le gouvernement autant que l'Église et les communautés paysannes persécutent avec acharnement. D'autre part, les morisques, descendants des musulmans convertis de force entre 1501 et 1526. Ils sont particulièrement nombreux dans les terroirs du sud et de l'est de l'Espagne, qu'ils cultivent avec un rare savoir-faire. Ils subiront toutes sortes d'avanies avant d'être finalement expulsés au début du XVIIe siècle.

Le monde rural, enfin, est marqué de fortes tensions : crimes ou délits privés sanctionnés par le tribunal seigneurial ou la communauté paysanne, brutalité des groupes de jeunes hommes dans les « royaumes de jeunesse », luttes entre les notables, qui font valoir durement leurs intérêts, et les petits exploitants. Parfois, le mécontentement se mue en violence et engendre une *rustica seditio* (une révolte paysanne). Les causes en sont généralement complexes, étant à la fois religieuses, fiscales, voire politiques, et masquent souvent les intérêts des petits seigneurs ou des paysans les plus aisés qui souhaitent ainsi améliorer leur situation. La guerre des Paysans de 1524-1525 en Allemagne en est la parfaite illustration. Elle trouve son origine dans le Bundschuh, la « chaussure lacée », mouvement paysan à l'origine de plusieurs agitations à partir de 1493, dont le programme porte tout autant sur l'antijudaïsme, l'expropriation des biens religieux, la réforme morale de la société ou l'allégement des droits féodaux. Aussi bien, les « 12 articles des paysans souabes » de 1525 en reprennent l'essentiel. En France, les violences paysannes qui précèdent le Carnaval de Romans en 1580 ont pour motif la violence des gens de guerre et pour programme des allégements fiscaux. Les révoltes des Bonnets-rouges en 1594 et des Tard-avisés en 1594 sont dirigées contre la Ligue.

La vie économique

Au début du XVIe siècle, l'économie européenne reste dans le droit fil de celle des tout derniers siècles du Moyen Âge, qu'il s'agisse de l'agriculture, des techniques industrielles, des routes et des espaces commerciaux ou des instruments de l'échange mis au point par les Italiens et qui se répandent lentement. Elle connaît toutefois, à partir des années 1520, de profondes mutations dont les causes tiennent, dans des proportions variables, aux grandes découvertes, à la demande accrue de biens de consommation, aux changements de mentalité et à l'accroissement considérable des dépenses de l'État. L'un des résultats en sera la hausse des prix, de trois à cinq fois plus élevés selon les régions, aux effets d'ailleurs à la fois favorables et fâcheux, et dont les contemporains ne comprendront que partiellement les causes.

Le legs du passé

Les céréales constituent l'essentiel de la production et du commerce agricoles. Elles assurent, presque à elles seules, l'alimentation du plus grand nombre. Ce sont elles qui permettent aux paysans de s'acquitter de leurs redevances et de leurs impôts. Elles font enfin la richesse des gros possédants, capables de les engranger en période d'abondance et de les écouler à fort prix en cas de disette. Toutefois, faute d'équipement adéquat et de fumures suffisantes, elles épuisent rapidement le sol. Les exploitants doivent donc recourir à l'assolement, biennal pour les terres les plus pauvres, triennal ailleurs, c'est-à-dire mettre en jachère la moitié ou le tiers de la surface cultivable. Les rendements sont en outre modestes. Dans les meilleures conditions, pour un grain semé, on ne peut guère en récolter plus de 4 ou 5, exceptionnellement 8 ou 10. Et encore, la grêle, la sécheresse ou un excès de pluie peuvent anéantir la récolte, ce qui, souvent, ruine le petit exploitant. Les pouvoirs publics, toujours inquiets des crises de subsistance, s'efforcent de contrôler la circulation et la distribution des céréales, notamment dans les villes, mais pas toujours avec succès. Selon les régions, les paysans cultivent les plantes maraîchères, la vigne, le houblon, l'olivier, le châtaignier et aussi les plantes industrielles, comme le lin, le chanvre, le pastel, la gaude, la garance. L'élevage, enfin, est partout présent, mais encore faut-il nourrir adéquatement les bêtes. Les bovins exigent de gras pâturages. Les porcs sont nourris de débris végétaux, mais aussi de glands. Quant aux moutons et aux chèvres, ils peuvent se contenter d'une herbe plus rare.

L'industrie dépend très largement des laines, des peaux, des produits agricoles ou forestiers, mais aussi des ressources minérales comme les métaux. Le textile, le cuir, la métallurgie, la brasserie dans les pays du Nord et de l'Est ainsi que les métiers de l'imprimerie en sont les principales composantes. Il faudrait ajouter l'industrie de luxe, qui prend, au XVIe siècle, un essor sans précédent. Si le cadre économique le plus élémentaire est celui du petit atelier dirigé par un maître avec quelques compagnons et apprentis, on voit se développer de grandes entreprises d'État, comme les chantiers navals, ou privées, comme les exploitations minières ou les fonderies, qui emploient plusieurs centaines d'ouvriers.

La Renaissance ne connaît pas une révolution technologique analogue à celle survenue au XVIIIe siècle. Elle demeure largement tributaire des acquis du Moyen Âge, qu'elle va s'attacher à perfectionner et à diffuser, que ce soit l'architecture, le génie minier, la métallurgie, la mécanique ou l'art de la navigation. Il semble toutefois que les pouvoirs, comme les individus, comprennent mieux l'importance de la technologie et les possibilités qu'elle offre, notamment dans les domaines de la guerre, de l'aménagement du territoire, de la production de métaux plus abondants et de meilleure qualité et de l'amélioration des techniques de tissage. Puisque la profession d'ingénieur n'existe pas et que les sciences appliquées ne sont pas enseignées dans les écoles et les universités, les inventions résultent le plus souvent d'une lente et patiente évolution. C'est ainsi qu'apparaissent la caravelle, le ressort, le laminoir, la tréfilerie hydraulique, la machine à tricoter, l'amalgame pour la production de l'argent et, bien entendu, l'imprimerie. L'apparition du brevet d'invention, à la fin du XVe siècle, indique tout de même l'importance que l'on accordait aux inventions et aux inventeurs.

Le troc, le paiement en nature et la vente au comptant sont les opérations les plus élémentaires de l'échange. L'appartenance à un réseau commercial plus ample et l'établissement de relations d'affaires fondées sur la confiance avec des changeurs et surtout avec des marchands-banquiers obligent à voyager, à envoyer ou recevoir des marchandises, à maîtriser enfin la technique des instruments de l'échange.

Circuler, à pied comme à cheval, demeure difficile sur des routes mal entretenues ou de simples pistes, jamais balisées, entrecoupées de péages et de gués, toujours dangereuses. Seuls les courriers à cheval réussissent à parcourir quelque 20 lieues, soit environ 80 kilomètres, par jour en plaine, ce qui met Lyon à six ou sept jours de Paris. Quant aux marchandises, elles sont transportées sur des chariots ou, dans les régions montagneuses, à dos de mulet. Dans un cas comme dans l'autre, la charge ne peut être que modeste et le prix du transport élevé. Il est plus commode et, en fin de compte, plus rapide, de leur faire emprunter les voies d'eau, petites rivières ou grands fleuves. Le voyage par mer, cabotage ou navigation hauturière, est lent et parsemé de dangers de toutes sortes, mais il permet d'acheminer au loin les marchandises les plus encombrantes et les plus lourdes.

Les instruments de l'échange autorisent quatre opérations indispensables : le crédit, les investissements, les modes de paiement et l'épargne avec son corollaire, l'intérêt. De là découlent la comptabilité à partie double, la lettre de change qui dissimule souvent une opération de prêt à intérêt et qui ne peut circuler qu'entre des marchands étroitement liés les uns aux autres, la banque qui reçoit des dépôts et effectue des prêts et des virements de fonds, l'assurance maritime, les compagnies à filiales ou à succursales, toutes opérations que les marchands italiens maîtrisent à merveille. Si grande est l'autorité de la banque italienne que des monnaies comme le florin florentin et le ducat vénitien servent encore de monnaies de référence. Le livre de Luca Pacioli, *Manuel d'arithmétique,* publié à Venise en 1494, contribue à répandre ce savoir-faire dans les autres pays européens. Bien qu'elle en profite largement, notamment par les emprunts qu'elle contracte, l'Église est hostile au prêt à intérêt. En se fondant sur l'Écriture et sur Aristote, elle soutient que l'argent ne doit pas engendrer de l'argent, *pecunia pecuniam non parit,* ce qui amène les marchands à faire preuve d'une plus grande ingéniosité pour dissimuler ce que la morale réprouve. En réalité, le prêt à intérêt est indispensable pour la bonne marche du commerce. Ce qui importe, c'est l'usage qu'on en fait. Calvin et même quelques canonistes catholiques en viennent à le légitimer, à défaut de le considérer comme parfaitement moral.

La Méditerranée était depuis des siècles le grand axe commercial. Au milieu du XVe siècle, Venise a fini par supplanter Gênes et la Catalogne. Elle contrôle les deux tiers du trafic avec le Levant : épices d'Extrême-Orient et coton de Syrie, qu'elle revend ensuite aux Allemands contre des lingots d'argent. Mais il ne faut pas mésestimer l'importance de villes plus modestes, comme Pise, Livourne, Marseille, Raguse, Ancône et Palerme, dans le commerce de plus courte distance. L'expansion portugaise en Extrême-Orient va momentanément compromettre le commerce des épices que la Sérénissime République contrôle depuis trois siècles.

L'Allemagne du Sud est au centre d'une toile d'araignée qui étend son réseau à toute l'Europe. À Venise, les Allemands occupent une place privilégiée grâce au Fondaco dei Tedeschi, à la fois entrepôt, comptoir et auberge où ils traitent avec leurs clients ou leurs fournisseurs. Carrefour commercial, l'Allemagne est aussi productrice de métaux comme le cuivre, le zinc et surtout, depuis 1460, l'argent, dont l'exploitation dans les mines de Joachimsthal, en Bohême, et la mise en marché sont aux mains de familles capitalistes comme les Fugger, les Fürer ou les Meuring ; ces familles font la fortune de Nuremberg et d'Augsbourg. La ville de Ravensburg, siège de la Grosse Gesellschaft (la Grande Société) qui appartient à quelques familles, contrôle le commerce de la toile et des épices en Allemagne.

Le commerce de l'Europe du Nord a été longtemps dominé par une association de marchands et de villes, la Hanse, dont les deux principaux points d'appui sont Lübeck et Bruges. Ses ramifications s'étendent jusqu'à Novgorod, Cologne et Londres. Les Hanséates font le commerce des textiles anglais et flamands, du sel et des vins français, des épices de Venise ou de Nuremberg, du fer et du hareng de Suède, du blé de Pologne, de la fourrure, du bois, de l'ambre, du goudron et de la poix de Russie et des régions baltes. Leur monopole commence néanmoins à s'effriter au XVe siècle, au profit des Anglais, des Hollandais et des Zélandais qui les évincent peu à peu de leurs grands marchés. Cette désorganisation de la Hanse provoquera, à terme, le déclin de Bruges, définitivement délaissée en 1510 par tous les marchands, et l'essor d'Anvers, confirmé dès 1507, lorsque la Grande Société de Ravensburg décide d'y acheter son poivre plutôt qu'à Venise. C'est là l'amorce d'un destin commercial exceptionnel qui fera de cette ville le principal centre financier et portuaire de l'Europe jusque vers le milieu du siècle.

Les ports de l'Atlantique sont aussi promis à un plus haut destin, tel Bristol, dont les navires affrétés par les *merchant adventurers* trafiquent de tout sur toutes les mers et imposent les produits anglais. En France, seuls Bourgneuf, à cause du sel, et Bordeaux, à cause des vins, ont quelque importance. En revanche, des ports espagnols comme Cadix et Séville, qui exportent les produits de l'arrière-pays et du Maghreb, sont des points d'appui importants pour les marchands italiens. L'expansion portugaise le long des côtes africaines au XVe siècle a permis à Lisbonne d'acquérir le monopole de l'or, de l'ivoire, de la malaguette et des esclaves, en attendant celui des épices à la toute fin du siècle. La découverte de l'Amérique confirmera la position, déjà dominante, des ports espagnols et portugais.

Le mouvement de l'économie au XVIe siècle

Dès les toutes premières décennies du siècle, le rythme de l'économie s'accélère, ce qui va favoriser l'ascension des grands marchands. Ces derniers sont presque tous liés à une compagnie familiale, dirigée par l'un d'entre eux et dont l'existence peut s'étaler sur plusieurs générations. Au début du siècle, ils sont encore largement italiens, comme les Chigi, de Sienne, et les Bonvisi, de Lucques. Mais ils vont être peu à peu remplacés par des Espagnols, comme les Ruiz, de Medina del Campo, et surtout par des Allemands, comme les Fugger ou les Welser. Grâce à de nombreuses succursales ou filiales, à des informateurs de toutes sortes qui lui fournissent les données pertinentes sur la situation politique ou la conjoncture financière, et à un réseau de communication efficace, la compagnie est présente dans toutes les opérations bancaires ou commerciales. Elle investit dans des entreprises industrielles ou gère celles-ci pour le compte de leurs propriétaires, spécule sur le change des monnaies ou le cours des métaux précieux, perçoit impôts et redevances au nom des ayants droit (affermage) et transfère des fonds d'une place à une autre. Les plus importantes compagnies sont proches des pouvoirs politiques et religieux, à qui elles avanceront, souvent à contre-cœur, des sommes importantes. C'est ainsi que les Fugger collaboreront avec la papauté pour la vente des indulgences en 1516-1517. Ils prêteront 543 000 florins d'or — environ 700 kilos d'or fin — à Charles de Habsbourg, lors de l'élection impériale de 1519. Dans le meilleur des cas, on obtenait des garanties, comme la création de monopoles ou des privilèges d'exploitation. Les risques étaient toutefois considérables, car les souverains n'hésitaient pas à faire des banqueroutes partielles et à transformer leur dette à court terme ou flottante, à haut taux d'intérêt, en dette à long terme ou consolidée, mais à taux d'intérêt moindre. Avantageuse pour les gouvernements, cette opération privait de liquidités le banquier qui ne pouvait rembourser facilement les dépôts à vue de ses clients. C'est ce qui perdit finalement les Fugger et les Welser, qui durent déposer leur bilan respectivement en 1607 et en 1614. Le déclin de ces grandes firmes allemandes favorisa les banquiers génois, comme les Grimaldi et les Spinola, soutenus par la Banque de Saint-Georges, qui traitaient avec les Habsbourg par l'intermédiaire des foires dites de Besançon.

À la fin du XVIe siècle, l'ère des familles marchandes est terminée. Ce sont maintenant les banques d'affaires ou les grandes compagnies qui les remplacent : la banque du Saint-Esprit à Rome ou celle d'Amsterdam, la Muscovy Company, l'Eastland Company, la Levant Company ou l'Oost Indische Kompagnie (la Compagnie des Indes orientales), créée conjointement en 1602 par les chambres de commerce d'Amsterdam et de Rotterdam.

L'agriculture évolue moins rapidement que le commerce et que l'industrie. Sauf en Hollande, les progrès techniques sont modestes. La production n'augmente, et plutôt parcimonieusement, que par la remise en culture de terres pauvres ou de friches. Et pourtant, elle est loin d'être immobile. Le paysage agraire change. Dans les riches plaines du bassin parisien, les laboureurs et les bourgeois des villes arrondissent leurs terres au détriment des petits agriculteurs. En Angleterre, depuis le XVe siècle, l'élevage intensif des moutons incite les seigneurs à s'approprier les communaux, voire les censives quand celles-ci se libèrent, et à les clôturer. Dans l'*Utopie,* Thomas More condamne les *enclosures* avec sévérité : « Vos moutons sont tellement gourmands et sauvages qu'ils tondent et dévorent les hommes. » Initiatives de propriétaires d'abord, les *enclosures* sont entérinées par le Parlement dans l'*Enclosure Act* de 1604. Le mouton s'impose ailleurs : en Espagne avec la Mesta, une association regroupant 3 000 éleveurs possédant quelque trois millions de mérinos, et dans le royaume de Naples, avec cinq millions de moutons qui paissent dans le Tavoliere. Ça et là, de vastes travaux sont entrepris. Si la papauté renonce à mener à bien le projet de Léonard de Vinci pour l'assèchement des marais Pontins près de Rome, la République de Venise entreprend de vastes travaux d'irrigation et de bonification des terres dans la vallée du Pô et de l'Adige. En Hollande, enfin, polders, digues et moulins pour l'épuisement des eaux modifient en profondeur le paysage. L'importance de l'agriculture est attestée par la publication, en 1600, du *Théâtre d'agriculture* d'Olivier de Serres, traité qui connaît un très grand succès.

À partir de la deuxième moitié du siècle, le commerce européen passe progressivement sous la coupe des pays du Nord, essentiellement l'Angleterre et la Hollande, dont les flottes sillonnent la Méditerranée et plus encore la mer du Nord et la Baltique, comme en attestent les péages du détroit du Sund, par où transitent quelque 6 000 navires par an. Ruiné par les banqueroutes successives de la monarchie espagnole, par l'effondrement de la production lainière des Pays-Bas et surtout par la guerre d'indépendance, le port d'Anvers s'efface au profit d'Amsterdam et, dans une moindre mesure, de Hambourg et de Londres au cours de la deuxième moitié du XVIe siècle. Le monopole des pays du Nord s'exerce même au détriment de l'Espagne, désormais incapable de garder sur son sol l'or et l'argent d'Amérique et d'assurer elle-même la distribution de produits coloniaux.

L'un des effets les plus remarquables de cet essor de l'économie est le phénomène de la hausse des prix. Il s'agit d'un mouvement plus que séculaire qui s'amorce à la fin du XVe siècle et s'achève au début du XVIIe. Les prix augmentent en moyenne quatre ou cinq fois, davantage pour les produits agricoles que pour les produits industriels. La hausse n'a pas partout la même ampleur, ne touche pas toujours les mêmes produits et connaît des accélérations et des ralentissements. Les contemporains s'en inquiètent suffisamment pour tenter de trouver une explication. Celle-ci est d'abord morale, mais très vite les spécialistes débattent de l'influence exercée par l'importation des métaux précieux d'Amérique. À la demande de la Chambre des comptes de Paris, Malestroict écrit en 1566 ses *Remonstrances et paradoxes sur le faict des monnoies*. Il y expose que la hausse des prix est la conséquence des manipulations monétaires et que, en chiffres réels, il n'y a pas eu d'inflation depuis le XIVe siècle. Deux ans plus tard, dans sa *Réponse au paradoxe de M. de Malestroict*, Jean Bodin en rend responsable l'or des Indes, dont l'abondance a conduit à sa dépréciation. Les historiens modernes ont fortement nuancé ces propos et attribuent la hausse des prix à la conjonction de plusieurs facteurs. Ils estiment que les métaux précieux ne sont responsables que d'une partie de l'inflation, car des quantités appréciables ne sont importées qu'à partir de 1550. Ils en rendent plutôt responsables les manipulations monétaires des gouvernements, la raréfaction relative des produits agricoles par rapport à la croissance démographique, la thésaurisation de l'or ou son utilisation dans l'orfèvrerie, la trop grande disparité entre l'abondance de l'argent-métal et la rareté relative de l'or, et enfin la multiplication de toutes les formes de crédit.

Les salaires n'ont suivi la hausse des prix qu'avec un retard sensible, ce qui a provoqué une baisse notable du pouvoir d'achat des gagne-petit, encore aggravée par les ponctions fiscales des gouvernements aux abois. Dans les campagnes, tous ceux qui percevaient des redevances en nature ont profité de la hausse. Les autres se sont efforcés de modifier les baux en conséquence. Les grands propriétaires de l'est de l'Europe ont largement bénéficié de la disette de céréales et de la hausse des prix pour écouler leurs produits, tout autant, d'ailleurs, que les marchands qui en ont assuré le transport, sur terre comme sur mer.

Ces turbulences ont eu pour conséquences de susciter une réflexion approfondie, singulièrement en France, sur l'importance de l'économie et sur les moyens de la régulariser pour le plus grand profit de l'État. Le *Traité de l'économie politique* de Montchrestien, publié en 1615, et plus encore *Les Trésors et Richesses pour mettre l'État en splendeur,* de Laffemas (1601), prônent la réglementation du commerce international par l'État, l'établissement, au besoin, de barrières douanières et l'accumulation de l'or et de l'argent. Ce sont là les premiers fondements du mercantilisme.

Chapitre III

Religion et spiritualité

Il est peu de dire que les réformes religieuses ont profondément bouleversé et durablement modifié l'Europe à partir du XVIe siècle. Pour les catholiques, la déchirure de la « robe sans couture » ne pouvait être que funeste. Pour ceux que l'on appelle les protestants, avec toutes les nuances que ce terme implique, il s'agissait d'un retour providentiel aux valeurs essentielles du christianisme, occultées ou détruites par 10 siècles de gouvernement pontifical. Certes, la réforme de la vie religieuse était ardemment attendue depuis près de deux siècles. Elle aurait sans doute fini par s'imposer, n'eût été de l'action inattendue mais décisive de Luther qui, en quelques courtes années, édifie une nouvelle Église et propose une manière différente de croire et de pratiquer. Ce que les historiens allemands appellent *Glaubensspaltung* (l'éclatement doctrinal) en est la conséquence immédiate et assurément étonnante pour ceux qui la vivent. Sans doute les ponts entre réformés et catholiques ne sont-ils pas irrémédiablement coupés avant le milieu du siècle. Malgré leur raideur doctrinale, les théologiens continuent à chercher une voie de compromis. Nombre de chrétiens, tout pénétrés de la nécessité d'une réforme qu'ils soient, balancent entre Rome, Wittenberg, Londres et Genève, sans toujours mesurer l'ampleur des enjeux spirituels, théologiques ou institutionnels. Ce n'est qu'avec la *Konfessionsbildung* (la formation des confessions), vers le milieu du siècle, que l'éclatement devient définitif. Une meilleure connaissance de la doctrine enseignée par un personnel religieux mieux formé, le confinement géographique des protestants et des catholiques, le poids des guerres, des persécutions et des diatribes rendent étanches les frontières doctrinales et les sensibilités collectives et individuelles. Les seuls points communs entre ces diverses confessions sont l'implantation d'un christianisme plus vrai et l'anéantissement des survivances païennes, des superstitions et des déviations du sentiment religieux. Mais en avaient-elles conscience, ou, à tout le moins, l'admettaient-elles ?

Aux origines de la Réforme

Pour inattendue que fût la révolution luthérienne, elle n'en plongeait pas moins profondément ses racines dans l'Église des XIVe et XVe siècles, où s'opposaient sourdement, et parfois brutalement, projets de réforme, pesanteurs administratives et tendances au relâchement.

La carence de l'Église

À la fin du Moyen Âge, l'Église garde toute sa place. Le maillage serré de ses institutions, son prestige intellectuel et l'emprise spirituelle qu'elle exerce sur les fidèles par les sacrements, les dévotions et les rites continuent à lui assurer une place éminente. Bien qu'elle ait été ébranlée par le Grand Schisme et le mouvement conciliaire, qui avaient notamment remis en cause le pouvoir pontifical au profit du concile œcuménique, la papauté avait néanmoins repris peu à peu le contrôle de la situation, au point de réduire le concile de Bâle à l'insignifiance pour ensuite le liquider définitivement en 1449. Mais l'idée conciliaire, bien qu'irréalisable, pouvait néanmoins être brandie en tout temps contre une papauté jugée par trop arrogante et incapable de réformer l'Église.

Rétablis dans leurs prérogatives et devenus de véritables princes temporels, les papes s'efforcèrent de remettre de l'ordre dans leur administration, de reprendre en main le clergé, d'attirer à Rome humanistes et artistes, de modeler enfin le paysage de l'*Urbs* (« Ville ») à l'aune du rôle de capitale qu'ils entendaient lui faire jouer. Ce n'est donc pas sans raison que Flavio Biondo consacre à celle-ci son ouvrage, *Rome triomphante,* pour prouver que l'Église est l'héritière de l'universalisme romain. L'élection de papes tous italiens, à l'exception d'Adrien VI, illustre éloquemment ces prétentions. Elle présente aussi l'avantage, qui n'est pas mince, de tuer dans l'œuf toute velléité, de la part des grands États, d'imposer leur propre candidat. Certes, leur mission spirituelle en pâtit, et les papes doivent faire face à une situation financière préoccupante qui les conduit à pressurer clergés nationaux et fidèles et à recourir à des expédients contestables. Il est plausible que, dans leur for intérieur, quelques-uns d'entre eux aient envisagé une réforme de l'Église. Mais en avaient-ils vraiment la ferme volonté, et, surtout, de quels moyens pouvaient-ils disposer ?

Tout autant que la papauté, les institutions ecclésiastiques semblaient sclérosées, et le zèle pastoral bien tiède. Archevêques, évêques, chanoines étaient souvent des hommes d'appareil, plus volontiers juristes que théologiens, d'ailleurs. Beaucoup appartenaient à une élite laïque pour laquelle une carrière religieuse allait nécessairement de pair avec une promotion sociale. À un échelon inférieur, les bénéficiers titulaires d'une cure, et qui n'étaient pas tous prêtres, se faisaient remplacer par un desservant, mal rétribué, et dont les qualités pastorales étaient parfois médiocres. Moins nombreux qu'on ne l'a prétendu, les clercs concubinaires suscitaient davantage la dérision que l'indignation. Quant à la piétaille des tonsurés, des clercs sans bénéfice, ils comptaient pour peu et vivotaient de quelques menus services paroissiaux. Les ordres monastiques n'étaient pas mieux lotis. Beaucoup avaient laissé la règle s'effilocher au point qu'elle était devenue fort légère, ce qui comblait moines et moniales à la vocation incertaine. Les Mendiants, essentiellement les Dominicains et les Franciscains, s'épuisaient en interminables querelles entre observants, partisans du respect intégral de la règle, et conventuels, qui souhaitaient son assouplissement.

Les laïcs les plus instruits avaient parfois de solides connaissances religieuses. Quant aux autres, peu ou mal encadrés, leur foi demeurait assurément vive, mais leur esprit était à la fois encombré de dévotions encouragées ou tolérées par l'Église et de croyances et de superstitions d'origine païenne qu'il leur arrivait souvent de confondre. Ils étaient, en tout cas, habités par la peur de l'au-delà, de la fin du monde et du diable. L'Église, qui n'hésitait pas à l'aviver, en profitait pour se poser comme ultime recours. Le satanisme était d'ailleurs à ce point pris au sérieux que le pape Innocent VIII, dans la bulle *Summis desiderantes affectibus* (1484), en reconnut publiquement le danger. Trois ans plus tard, Sprenger et Istitutoris publièrent le célèbre *Marteau des sorcières*.

Un vent de réforme

Faut-il continuer à noircir le tableau ? Derrière cette façade lézardée soufflait néanmoins un vent de réforme. Certains États, comme la France et l'Angleterre, se donnent les moyens de promouvoir la réforme de l'Église en brandissant leurs privilèges ou leurs libertés en matière de juridiction et de fiscalité ecclésiastiques, comme la pragmatique sanction de Bourges (1438) ou le statut de Praemunire (1393). Ce n'était là que politique, mais qui révélait tout de même un certain malaise.

En vérité, la réforme ne pouvait venir que des ecclésiastiques et des humanistes. Des écrits, largement répandus et souvent cités, étalaient à l'envi les faiblesses de l'Église, mais ils proposaient aussi des amorces de solution : *Le Livre des fourmis,* de Jean Nider (1435-1437), les *Gravamina* (Les griefs de la nation allemande), formulés pour la première fois à la diète de Francfort de 1456, *La Réforme de Sigismond* (1439).

D'évidence, il apparaissait que les autorités n'étaient pas capables de réaliser cette réforme ni même de l'envisager sérieusement. Elle ne pouvait venir que de groupes disparates ou d'individus isolés. Dans quelle mesure pouvaient-ils l'imposer à l'ensemble de l'Église ? Les hérésies, qui avaient souvent servi de véhicules aux idées les plus radicales, étaient, au XVe siècle, en déclin. Les cathares avaient disparu. Les lollards, les vaudois et les hussites n'avaient qu'une influence locale, d'ailleurs difficile à cerner. À l'intérieur même de l'Église, les frères de la Vie commune, bien implantés dans la vallée inférieure du Rhin, proposaient un modèle de vie évangélique fondé sur la lecture de l'Écriture, la place importante accordée aux laïcs, la charité et l'humilité. Ils avaient l'audience des chrétiens épris de réformes et aussi des intellectuels, grâce à leurs écoles et à leur présence dans le milieu universitaire, par exemple au collège de Montaigu à Paris. L'*Imitation de Jésus Christ* (vers 1425), de Thomas a Kempis, qui résumait la spiritualité de ce mouvement, était lue partout. Des évêques, assez nombreux tout de même, comme d'Estaing, à Rodez, et Cisneros, à Tolède, se préoccupaient d'accomplir leur tâche avec conscience et dévouement. Il ne manquait pas non plus de prêtres paroissiaux sincères et compétents. Chez les réguliers, bénédictins, chartreux, cisterciens, non sans efforts et parfois avec succès, tentaient de revenir à la règle et à la spiritualité primitives. Des franciscains et des dominicains, surtout parmi les observants, répandaient dans tous les milieux, par leur prédication, la nécessité d'une réforme à l'approche d'une fin du monde qu'ils jugeaient imminente. Savonarole, un dominicain, instaura à Florence, entre 1494 et 1498, une dictature religieuse qui supposait une véritable réforme sociale, un ressourcement de la piété et une modification en profondeur des institutions ecclésiastiques. Sa mort tragique, causée par l'incompréhension ou la mauvaise volonté des autorités, illustre l'échec presque inévitable de cette quête désespérée d'une réforme. Bien qu'il fût brûlé comme hérétique, il fit néanmoins sentir son influence, même dans les milieux les plus orthodoxes, pendant tout le XVIe siècle.

Le rôle des humanistes chrétiens

Les humanistes jouèrent un rôle considérable. Ils ne songeaient pas à remettre en cause le magistère de l'Église. Ils rêvaient d'une religion simple, évangélique, digne, allégée des trop nombreux dogmes qui l'encombraient.

Les humanistes mirent leur savoir historique et

philologique au service d'une épuration des textes sacrés, mal traduits de la langue originale, déformés par des ajouts ou au contraire tronqués. Valla prouva par l'histoire et la philologie la tromperie de la *Donation de Constantin,* un faux élaboré dans les officines pontificales du VIIIe siècle qui attribuait à la papauté la domination politique de l'Occident, et, dans ses notes sur le Nouveau Testament, il corrigea la traduction latine de la Bible réalisée par saint Jérôme, la Vulgate, en utilisant la version originale grecque. Lefèvre d'Étaples, dans *Le Psautier quintuple* (1509), fit de même. L'ajout de la connaissance de l'hébreu, à la fin du XVe siècle, favorisa des recherches plus approfondies. La *Bible polyglotte d'Alcalá,* préparée à l'initiative du cardinal Cisneros et publiée en 1517, témoigna de cet effort de retour au texte exact. Certains humanistes s'arrêtaient à l'influence du judaïsme sur le christianisme. C'est ainsi que Pic de la Mirandole estimait que la Bible ne contenait pas la totalité de la Révélation et qu'il convenait de la rechercher dans la Kabbale, un courant ésotérique du judaïsme.

Les humanistes fustigeaient sans ménagement ceux qui s'opposaient à leurs desseins et singulièrement les professeurs de théologie, qu'ils accusaient de demeurer englués dans les méthodes de la scolastique. Érasme s'en gaussa cruellement dans son *Éloge de la folie* (1511).

L'idée de réforme avait pourtant pénétré les milieux romains. À la veille de la Réforme luthérienne, le Ve concile de Latran (1511-1517) jaugea avec lucidité les problèmes de l'Église. Dans son discours d'ouverture, Gilles de Viterbe cerna les enjeux. *La Pétition à Léon X* (1513), de Tommaso Giustiniani et Vincenzo Quirini, où étaient tracées avec perspicacité les grandes lignes d'une réforme en profondeur de l'Église selon les conceptions humanistes, et *De la fonction épiscopale* (1516), de Gasparo Contarini, n'obtinrent qu'un succès d'estime. Le concile se sépara en mars 1517, à quelques mois de la publication des « 95 thèses » de Luther, coup d'envoi de la Réforme protestante. Les décrets du concile, pourtant bien inspirés, demeurèrent lettre morte. Les temps n'étaient, sans doute, pas encore mûrs.

La Réforme protestante

La tourmente religieuse qui commence à souffler sur l'Europe en 1517, aboutissement espéré mais inopiné d'un profond désir de réforme, surprend les contemporains par son ampleur et par ses conséquences. La décision de l'Église de ne pas faire droit aux revendications de Luther va conduire inéluctablement ce dernier à l'hérésie. D'autres, par la suite, vont s'y engouffrer. Tous exigent que l'on rende à Dieu l'espace qu'avait « usurpé » l'Église et réaffirment la toute-puissance de Dieu sur l'être humain, désormais seul, face à Lui, et rapetissé par le péché originel. *Sola fides, sola Scriptura, sola gratia,* voilà des mots qui illustraient bien le caractère unique de la foi, de l'Écriture et de la grâce dans les relations entre Dieu et sa créature.

La Réforme luthérienne

Né à Eisleben, en Thuringe, en 1483, Luther entre chez les ermites de Saint-Augustin, à Erfurt, en 1505. Il s'impose très vite par son ardeur spirituelle et ses qualités intellectuelles, qui lui permettent de devenir professeur de théologie. Tourmenté par le péché originel et par son propre salut, c'est dans l'Épître aux Romains de saint Paul qu'il acquiert la certitude que l'être humain est rendu juste par sa foi en Dieu.

C'est l'Affaire des Indulgences qui le conduit à quitter l'Église. Les indulgences sont la rémission, moyennant prières ou pratiques pieuses, des peines temporelles causées par le péché et expiées dans le purgatoire. Mais ces indulgences, contrairement aux règles habituelles, étaient vendues sans vergogne aux catholiques allemands par l'archevêque de Mayence, Albert de Hohenzollern, avec la complicité de la curie. Luther se fait le porte-parole de ses compatriotes indignés. Sans remettre en cause le bien-fondé des indulgences et tout en témoignant de sa parfaite obéissance au pape, il n'en propose pas moins un programme de réformes dans les « 95 thèses » qu'il rend publiques le 31 octobre 1517 à Wittenberg. Rédigées d'abord en latin, donc à l'intention des théologiens et des canonistes, elles sont aussitôt traduites en allemand. Elles suscitent en Allemagne un enthousiasme inattendu et avivent les vieilles susceptibilités contre la papauté. Soupçonné d'hérésie, Luther en appelle d'abord « du pape mal informé au pape mieux informé », puis à un éventuel concile. Il réitère sa position lors de sa dispute avec Johann Eck à Leipzig, en 1519. Ayant refusé de se rétracter, il est excommunié en 1521 par la bulle *Decet romanum pontificem.* Après sa mise au ban de l'Empire par l'édit de Worms, il est caché par l'électeur de Saxe, Frédéric le Sage, au château de la Wartburg, où il traduit en allemand le Nouveau Testament. De retour à Wittenberg en 1522, il s'y fixe jusqu'à sa mort en 1546. Sa vie est désormais consacrée à l'organisation de l'Église évangélique, à la rédaction d'une œuvre immense en latin et en allemand — plus de 100 volumes dans la collection complète de ses œuvres, dite de Weimar.

Les quatre traités qu'il publie en 1520, *À la noblesse chrétienne de la nation allemande, De la captivité babylonienne de l'Église, Traité de la liberté chrétienne, De la papauté à Rome,* contiennent déjà la plupart des thèmes qu'il reprendra inlassablement jusqu'à sa mort : la justification par la foi, l'inutilité des œuvres sans la foi, la réduction des sacrements aux seuls baptême et cène (eucharistie), la subordination de l'autorité ecclésiale à celle du Christ, l'inutilité du culte des saints, l'abrogation du célibat des prêtres et des religieux, le sacerdoce universel et la lecture de l'Écriture sans la médiation de l'Église.

Le succès du message luthérien répond aux attentes spirituelles et aux récriminations des Allemands. Luther sait s'entourer de collaborateurs fidèles et compétents : Bugenhagen, Spalatin, Melanchthon. L'imprimerie, enfin, rend ses œuvres et celles de ses disciples de même que les gravures qui fusent de partout accessibles à tous. Un seul chiffre, parmi tant d'autres : il y a environ 4 000 éditions ou rééditions de l'un ou l'autre de ses livres de son vivant, soit environ quatre millions d'exemplaires vendus.

En Allemagne, la Réforme atteint surtout les milieux urbains, sans distinction de classes sociales. Prêtres et moines quittent l'Église en grand nombre. En revanche, l'épiscopat lui demeure fidèle. Les princes territoriaux suivent en partie. Seuls le sud et l'ouest de l'Allemagne échappent à la vague luthérienne. Déclenchée en 1524, pour des raisons d'abord économiques et sociales, la guerre des Paysans, exacerbée ensuite par la réforme religieuse, est bientôt hors de contrôle. D'abord soucieux d'apaisement, Luther rédige contre les rebelles un véritable brûlot, *Contre les hordes criminelles et pillardes de paysans,* où il se laisse aller à quelques intempérances de langage, sans doute inspirées par la peur : « Tuez-les, tuez-les tous ! » La révolte est écrasée en 1525, mais elle inquiète suffisamment Luther, les villes et les princes pour qu'ils s'entendent étroitement sur la mise en place d'une Église évangélique encadrée par l'autorité politique.

L'évangélisme atteint bientôt les autres pays européens, notamment la Scandinavie, où les attentes spirituelles ne sont pas moindres qu'en Allemagne. Le message luthérien se greffe souvent à des cercles humanistes, mais aussi à des mouvements réformateurs anciens, comme celui des lollards, en Angleterre, ou récents, comme celui des *alhumbrados,* en Espagne. En France, le groupe que l'évêque de Meaux, Guillaume Briçonnet, aidé de Lefebvre d'Étaples, constitue pour évangéliser son diocèse s'inspire surtout de la pensée d'Érasme. Mais il inquiète suffisamment les docteurs de la Faculté de théologie de Paris, toujours soupçonneux devant l'apparence d'hérésie, pour que le groupe finisse par se disperser en 1525.

Partout, l'action des gouvernants, rois, princes, conseils de ville, est décisive, soit dans le passage à la Réforme, soit dans le maintien de l'orthodoxie. L'Église elle-même semble dépassée par les événements. Elle réagit surtout par la controverse théologique, laissant aux autorités locales le soin de poursuivre les mécréants. Les docteurs des facultés de théologie de Cologne, de Louvain et de Paris combattent, à vrai dire, l'un des leurs, plus qu'un simple hérétique dévoyé, qui n'aurait point eu droit à l'honneur d'un seul débat, mais seulement au bûcher. Beaucoup, même parmi les plus traditionalistes, situent Luther dans la mouvance d'Érasme, celui qui « avait pondu l'œuf que Luther avait couvé ». D'autres, plus perspicaces, comme Cajetan et Eck, saisissent tout ce qu'il y a de révolutionnaire dans sa pensée. Ils entreprennent de la réfuter dans la meilleure tradition théologique. *Le Manuel des lieux communs contre Martin Luther* (1525), de Johann Eck, répond parfaitement à ce besoin. Il connaîtra d'ailleurs près d'une centaine d'éditions. Le traité d'Henri VIII, *Défense des sept sacrements* (1521), va dans le même sens. C'est en fin de compte sur les humanistes que l'Église peut compter. D'abord favorables à Luther, parce qu'ils voient en lui un digne successeur de Reuchlin, engagé comme lui dans une nouvelle bataille contre les « hommes obscurs », les théologiens, ils prennent ensuite leurs distances parce que son insistance sur le péché originel heurte leur optimisme et leur foi en la nature humaine. Pressé par Luther autant que par Rome de prendre parti, Érasme se décide enfin, en 1524, à réfuter la théologie luthérienne dans son *Traité du libre arbitre*. Il y expose la liberté qu'a le chrétien de faire ou de ne pas faire son salut. L'ouvrage provoque une réponse presque immédiate de Luther dans le *Traité du serf arbitre,* dans lequel il défend l'opinion contraire.

Luther ne s'est guère préoccupé, d'abord, de l'organisation des Églises évangéliques, pensant que le modèle paroissial s'imposerait naturellement. Mais, à la lumière des leçons tirées de la guerre des Paysans et aussi des instances de Melanchthon, il comprend que l'évangélisme ne peut survivre sans la collaboration du pouvoir politique. C'est ainsi que naissent les Églises territoriales étroitement liées aux institutions civiles des villes et principautés passées à la Réforme. Consistoire, surintendants, pasteurs voient leurs pouvoirs et leurs champs d'action fixés par des *Kirchenordnungen* (ordonnances ecclésiastiques), qui règlent les questions de discipline, de culte et de doctrine. Melanchthon rédige à leur intention des instructions. Luther réforme et unifie la liturgie par sa messe allemande. L'enseignement de la doctrine est assuré par son *Petit Catéchisme* et son *Grand Catéchisme,* destinés aux fidèles et aux pasteurs, par *Les Lieux communs des questions théologiques,* de Melanchthon, constamment remis à jour depuis la première édition en 1521, et enfin par la *Confession d'Augsbourg* de 1530. Malgré l'autonomie de chacune, les Églises, princières ou urbaines, conservent une certaine cohésion, grâce surtout à Luther. Mais de profondes divisions idéologiques apparaissent après sa mort. Les modérés, ou philippistes, et les orthodoxes, ou gnésio-luthériens, s'affrontent jusqu'à la signature de la formule de concorde en 1580.

Aussi bien en Allemagne qu'en Suisse, ceux qui ont quitté l'Église romaine n'adhèrent pas tous à l'évangélisme. À Zurich, Zwingli, d'abord influencé par Érasme, attiré ensuite par Luther, finit par s'en séparer, notamment sur la question de la présence du Christ dans le pain et le vin, à laquelle il n'accorde qu'une valeur purement symbolique, alors que pour Luther la présence du Christ coexiste avec le pain et le vin (consubstantiation). Le colloque de Marbourg, en 1529, confirme leurs divergences profondes sur ce point. Dans la foulée de Zurich, d'autres villes suisses, comme Berne et Bâle, passent elles aussi à la Réforme, sans pour autant se lier à Luther.

À Strasbourg, Sturm et Bucer réussissent à introduire la Réforme, tout en gardant leurs distances à l'égard du groupe de Wittenberg. Mais le durcissement de la position impériale impose la réconciliation avec Luther à la concorde de Wittenberg en 1536.

Tout soucieux de réforme qu'il fût, Charles Quint s'opposa dès le début à Luther. Comme il devait tenir compte de l'attitude des princes protestants — et eux de la sienne par le fait même —, il dut agir en fonction de la conjoncture politique, alternant souplesse et intransigeance. En 1530, les circonstances jouaient en sa faveur. Il venait en effet d'être couronné empereur à Bologne par Clément VII. Poussé par Érasme, il décida de régler définitivement la question protestante à la diète d'Augsbourg. La situation était ambiguë. Catholiques comme protestants n'arrivaient pas à déterminer les concessions d'ordre théologique ou disciplinaire qu'il convenait d'accorder à l'adversaire. D'autant plus que les protestants étaient loin de s'entendre entre eux sur le plan théologique. Parlant au nom des princes et des villes passés à la Réforme, Melanchthon présenta la *Confession d'Augsbourg*, dans laquelle il exposait les points d'accord et passait sous silence ceux qui étaient susceptibles de diviser. Les catholiques répliquèrent par une *Réfutation catholique*, qui faisait ressortir les aspects hérétiques de la *Confession*. Le projet d'accord échoua, davantage pour des raisons politiques que religieuses. Les protestants s'unirent alors, en 1531, dans la ligue de Smalkade, dont le chef était Philippe de Hesse. Un nouveau projet d'entente fut soumis à la diète de Ratisbonne en 1541. Il achoppa sur la question des sacrements. L'interim d'Augsbourg en 1548 ne réussit pas mieux. Ces échecs illustrent la profonde division de l'Allemagne selon les choix confessionnels, l'importance des rapports de force politiques et militaires et enfin l'incapacité des chefs à prendre efficacement en main une situation complexe. Ayant constaté qu'il lui était impossible de régler la question religieuse par la voie des armes, pas plus que par celle des colloques, Charles Quint se résigna à envisager la possibilité d'une paix de religion. Signée à Augsbourg, en 1555, la paix sanctionna la division confessionnelle de l'Allemagne en accordant aux États évangéliques la liberté de conserver leur foi. Elle consacra aussi l'autorité du pouvoir temporel dans le domaine religieux. En vertu de la formule *cujus regio, ejus religio* — l'expression, il est vrai, date officiellement de la fin du siècle —, elle obligea les individus à se conformer à la religion du prince.

La Réforme radicale

Dès les débuts de la Réforme évangélique apparurent un peu partout des groupes dissidents créés et dirigés par des hommes comme Carlstadt, Hubmaier, Müntzer, Schwenckfeld. En dépit de leurs différences, souvent profondes, plusieurs thèmes, peut-être empruntés aux mouvements réformateurs et spirituels médiévaux, revenaient fréquemment : illumination intérieure, recherche de la pureté primitive de l'Église, attente de la fin prochaine du monde, retrait de la société, élection des pasteurs, pacifisme, voire sentiments égalitaires qui vont mener Müntzer, par exemple, jusqu'au soulèvement armé au cours de la guerre des Paysans.

De tous ces groupes, l'anabaptisme — le mot, d'origine grecque, signifie « second baptême » — eut la fortune la plus durable. Il semble que les premiers groupes anabaptistes soient apparus en Suisse avec Hubmaier, Grebel et Mantz. L'un de ces groupes, celui des Frères suisses, fit publier en 1527 la *Confession de Schleitheim,* où apparaissent les grandes orientations théologiques et ecclésiologiques du mouvement. Dès 1530, les anabaptistes, quoique persécutés, essaimèrent à Strasbourg, en Allemagne, aux Pays-Bas et même en Angleterre et en Pologne. Certains choisirent une voie plus radicale. Installés à Münster à partir de 1532, Jan Matthys, Knipperdoling et Jean de Leyde y introduisirent un régime politique et religieux fondé sur le communisme, la polygamie, l'exclusion de toutes les autres confessions. Les forces combinées de l'évêque catholique de Münster et du protestant Philippe de Hesse prirent la ville en 1535 et en massacrèrent la plupart des habitants. Cette catastrophe jeta l'épouvante dans les milieux religieux, toutes confessions confondues, et contribua à la déconsidération de l'anabaptisme pendant plusieurs siècles. Les communautés mennonites et huttérites de Moravie, des surgeons du mouvement anabaptiste, qui prônaient pourtant le pacifisme, subirent elles aussi la vindicte des protestants comme des catholiques.

La Réforme calviniste

Les écrits luthériens avaient pénétré en France dès 1519. Diffusés en latin ou en traduction française, ils suscitèrent le plus vif intérêt dans les milieux évangéliques, déjà fortement imprégnés par les idées d'Érasme et de Lefèvre d'Étaples. Ceux-ci, à un moment où les frontières doctrinales n'étaient pas encore figées, croyaient possible de concilier harmonieusement tous les courants réformateurs. Ils seront, par la suite, accusés d'être des « nico-démistes » ou des « temporisateurs ». Marguerite de

Navarre, la propre sœur de François Ier, appartenait à cette tendance. D'authentiques luthériens et zwingliens œuvraient également en France. Dès 1521, la Faculté de théologie et le parlement censurèrent les ouvrages de Luther. L'exécution de Berquin, pourtant protégé par le roi, en 1529 constitue le point culminant de cette répression. Sous l'influence de sa sœur, François Ier souhaitait une réforme disciplinaire de l'Église dans le sens de l'évangélisme. S'il ne nourrissait aucune sympathie pour le luthéranisme, il avait néanmoins, pour des raisons de stricte politique, pris langue en 1533 avec Bucer, Sturm et Melanchthon, par l'intermédiaire de Jean et Guillaume du Bellay, sans doute pour faire pièce à Charles Quint, ce qui n'exclut tout de même pas la recherche sincère d'un accord, encore possible à cette époque.

L'affaire des Placards, en 1534, marque une rupture. Le texte, d'inspiration zwinglienne, est l'œuvre d'Antoine Marcourt, pasteur à Neufchâtel. Il attaque violemment l'eucharistie en niant la transsubstantiation, soit la présence réelle du Christ dans le pain et dans le vin. Indigné, le roi réagit violemment et lance une vague de persécutions. L'enregistrement, en 1543, au parlement de Paris, sur l'ordre du roi, des *Articles de foi* préparés par la Faculté de théologie, la publication, en 1545, du *Catalogue des livres censurés* de la Faculté de théologie, l'extermination, la même année, des vaudois de Mérindol et de Cabrières, passés à la Réforme, jalonnent le durcissement de la politique religieuse de la monarchie. Henri II poursuit cette politique, notamment par la création d'une chambre ardente au parlement de Paris en 1547, par l'édit de Châteaubriant en 1551 et celui d'Écouen en 1559. Ces mesures contribueront à l'émigration vers la Suisse, et notamment à Genève, de plusieurs milliers de réfugiés, ce que l'on appellera bientôt le « refuge huguenot ». Jean Crespin, un imprimeur français de Genève, publie en 1554 *Le Livre des Martyrs*, dans lequel il exalte la mémoire de ceux qui sont morts pour leur foi.

C'est dans ce terreau que le calvinisme va prendre racine. Né en 1509 à Noyon, en Picardie, Calvin étudie les humanités au collège de Montaigu, puis le droit à Orléans et à Bourges. Soupçonné d'avoir rédigé le discours du recteur de l'Université de Paris, Nicolas Cop, qui fit scandale en 1533, bien qu'il fût d'inspiration évangélique, Calvin croit prudent de quitter la France en 1535. En 1536, il publie à Bâle la *Christianae religionis institutio,* traduite ensuite en français en 1541 sous le titre *Institution de la religion chrétienne,* et constamment remise à jour. Après un assez long séjour à Strasbourg, il s'installe à demeure à Genève et il y meurt en 1564. Non sans difficultés, et assurément sans jamais pouvoir s'imposer totalement au magistrat et à la population, Calvin s'efforce de faire de Genève une ville-Église, en écartant ou en punissant tous ceux qui s'opposent à lui, comme Servet. Genève voit affluer vers elle d'innombrables réfugiés et rayonne à son tour dans le monde protestant après la fondation de l'Académie en 1559, aussitôt confiée à Théodore de Bèze. Dès 1541, Calvin avait défini dans les *Ordonnances ecclésiastiques* les fondements de son ecclésiologie. Tout comme Luther, il supprime le sacrement de l'ordre. Il prévoit quatre ministères : les pasteurs qui assurent le service divin et la prédication, les docteurs qui veillent sur la doctrine, les anciens qui règlent la discipline et enfin les diacres dont le rôle est de veiller sur les pauvres et les malades. Anciens et pasteurs forment le consistoire, qui se réunit périodiquement.

La pensée théologique de Calvin est tout entière contenue dans l'*Institution de la religion chrétienne.* On y retrouve quelques-unes des idées largement répandues dans les milieux protestants depuis la parution des quatre grands écrits réformateurs de Luther en 1520. Calvin, toutefois, insiste avec force sur un thème essentiellement augustinien, la déchéance de l'homme irrémédiablement perverti par le péché originel, et sur la notion de la « double prédestination » qui condamne les uns à la damnation et promet aux autres le ciel. De là l'importance accordée par les calvinistes à l'« élection divine », gage de piété mais aussi de succès matériel. La grâce de Dieu n'est pas le fruit de l'arbitraire de Dieu, mais celui d'une volonté mûrie que l'homme ne saurait comprendre. Pour ce qui concerne la présence réelle du Christ dans l'hostie,

Calvin rejette à la fois les conceptions de Luther, de Zwingli et de l'Église catholique. Dieu est présent dans le pain et le vin, mais d'une manière strictement spirituelle. Calvin refuse enfin à l'État le droit de diriger l'Église. Il insiste toutefois sur son devoir de créer des conditions favorables pour l'exercice de la foi et du culte.

Le calvinisme ne s'implanta que lentement en France. Jusque vers 1555, le protestantisme y était présent, mais sous forme de groupes isolés assez proches des luthériens, qui n'avaient pas toujours rompu avec le catholicisme. Calvin les fustigera en les qualifiant de nicodémistes. Ce n'est qu'à partir de cette date qu'il réussira à prendre en charge la Réforme française en plantant et en dressant des églises sur le modèle genevois. La première sera celle de Paris. Avec prudence, Calvin mettra sur pied des structures stables — églises, colloques, synodes — et enverra ministres et prédicants. En 1559, il fera publier la *Confession de foi*. Le calvinisme provigne dans tous les groupes sociaux et, notamment, dans les grandes villes comme Paris, Lyon, Rouen et Orléans, et dans des régions comme la Normandie, la Picardie, la Champagne et le Midi. À la veille des guerres de Religion, le calvinisme est solidement implanté en France, même s'il est minoritaire, représentant peut-être 10 % de la population totale. En dépit des persécutions, les huguenots se manifestent au grand jour, jusque dans l'entourage royal. Leur fidélité à la monarchie demeure intacte.

L'expansion du calvinisme ne se limite pas à la France, tant s'en faut. Les cantons suisses y adhèrent progressivement, grâce à Bullinger qui, en 1566, fait adopter par la plupart des communautés protestantes une *Confessio helvetica,* qui connaît un retentissement considérable. John Knox, qui a séjourné à Genève, entreprend d'introduire le calvinisme en Écosse, ce qui est entériné l'année suivante par la *Confessio scotica* et en 1561 par le *Book of Discipline,* qui prône l'élection des pasteurs par la communauté, d'où le nom de presbytérianisme que l'on donne à cette forme particulière de calvinisme. Aux Pays-Bas, où ont séjourné des groupes évangéliques et aussi des anabaptistes, le calvinisme commence à pénétrer dans les années 1540, grâce à un pasteur strasbourgeois, Pierre Brully. Il s'implante aussi dans les communautés flamandes et wallonnes réfugiées à l'étranger. Mais c'est Guy de Brès qui joue un rôle décisif en convoquant le synode d'Anvers, en 1561, et en y faisant promulguer une confession de foi, la *Confessio belgica*. Enfin, en Allemagne, plusieurs territoires, dont le Palatinat, passent au calvinisme, ce qui rompt, parfois brutalement, le dualisme catholique et évangélique issu de la paix d'Augsbourg de 1555.

La Réforme anglaise

Le protestantisme anglais a d'abord été imposé et façonné, non sans de nombreux tâtonnements et hésitations, par une autorité politique qui ne souhaitait surtout pas rompre avec la tradition catholique. L'influence des évangélistes et des calvinistes est loin d'y être négligeable, mais il a toujours su garder les traits qui lui sont propres, fruits de subtils compromis entre des tendances contradictoires.

La demande d'annulation de son mariage avec Catherine d'Aragon par Henri VIII est à l'origine du schisme anglican. L'absence d'un héritier mâle menaçait en effet la jeune dynastie des Tudor. Les raisons canoniques invoquées avaient pour but de légitimer cette demande. Celle-ci eût sans doute été recevable si Catherine d'Aragon n'avait pas été la tante de Charles Quint. Chargé d'instruire la procédure d'annulation, le cardinal Wolsey ne put empêcher que l'affaire aboutît à Rome, ce qui provoqua sa chute. Par ailleurs, s'affrontent, au sein même de l'entourage royal, diverses factions hostiles ou favorables au divorce, par simple conviction religieuse ou par opportunisme politique : Fisher, Thomas More, d'un côté, le clan Boleyn, Cromwell, Cranmer, de l'autre. Tiraillé entre ses sentiments catholiques, sa passion amoureuse et ses soucis dynastiques, Henri VIII tente, peu à peu et parfois confusément, de régler la question de son divorce, de s'affranchir d'une autorité romaine par trop pesante, d'affirmer enfin sa suprématie sur l'Église d'Angleterre. Il convoque le Parlement en 1529, ostensiblement pour régler ses problèmes financiers. Il s'aperçoit assez vite qu'il pourra compter sur celui-ci pour limiter les pouvoirs du clergé et venir à bout des résistances de Rome. De fait, le Parlement supprime les annates, une taxe sur les bénéfices ecclésiastiques levée par le pape, en janvier 1532, et reconnaît l'année suivante la prééminence du roi en matière de justice ecclésiastique, à l'exclusion de toute autre autorité étrangère. Fort de cet appui, Henri VIII exige de l'Assemblée du clergé, en 1531, la somme de 118 000 livres et obtient par la même occasion le titre de chef suprême de l'Église d'Angleterre, un titre encore largement honorifique. En 1533, celle-ci ne peut que reconnaître la prééminence du roi en matière de justice ecclésiastique, qui avait déjà été votée par le Parlement. Dès lors, les décisions s'enchaînent rapidement. Nommé au siège archiépiscopal de Cantorbéry, Cranmer accorde le divorce et marie secrètement Anne Boleyn avec le roi en janvier 1533, ce qui vaut l'excommunication à celui-ci. Au Parlement de 1534, la rupture avec Rome est consommée par le vote de l'Acte de Suprématie, qui donne au roi le gouvernement de l'Église. Fisher, More et quelques religieux qui ont combattu jusqu'au bout le divorce le paient de leur vie.

La réorganisation de l'Église d'Angleterre sera surtout l'œuvre de Cromwell et de Cranmer. Le gouvernement procède ensuite, entre 1536 et 1540, à l'expropriation de quelque 800 abbayes et monastères, moyen opportun pour la couronne de redresser sa situation financière et pour les proches du régime de profiter de la générosité royale. La révolte du « pèlerinage de grâce » qui éclate dans les comtés du Nord à la fin de 1536 met bien en lumière le degré de mécontentement des catholiques, surtout ceux de la périphérie, encore que les préoccupations économiques n'y soient pas non plus étrangères. Ce mouvement sera impitoyablement écrasé au début de 1537.

Sur le plan doctrinal, le roi demeure catholique, mais il ne bannit pas totalement les emprunts au luthéranisme, quitte à y renoncer aussitôt. Son entourage se partage entre ces deux tendances contradictoires. Les « dix articles » de 1536 laissent entrevoir une certaine ouverture du côté du luthéranisme, que les « six articles » de 1539 corrigent. Cette même année est publiée la *Grande Bible* de Coverdale, teintée, elle, de luthéranisme.

En 1547, l'avènement d'Édouard VI conduit l'Angleterre à la Réforme car le jeune roi, comme son entourage, est profondément protestant. Nul ne s'y trompe. Des réformés du continent, et non des moindres, affluent en Angleterre : Vermigli, Ochino, Knox, Bucer, Dryander. De profondes réformes liturgiques et doctrinales ponctuent cette évolution. Le *Prayer Book* de 1549 et celui de 1552, rédigés par Cranmer et imposés aux fidèles par l'Acte d'Uniformité de 1549 et celui de 1553, fixent le culte anglican. Les « 42 articles » de 1553 concernent la doctrine. Ils sont surtout d'inspiration calviniste, mais certains sont empruntés à la *Confession d'Augsbourg*.

Marie Tudor, qui monte sur le trône en 1553, met un terme à cette évolution. Catholique, elle entend bien rétablir le catholicisme, ce qu'elle réalisera avec l'accord du Parlement, non sans quelques difficultés tout de même, et réconcilier l'Angleterre avec Rome, ce qui sera chose faite dès novembre 1554, sans que la confiscation des biens ecclésiastiques ne soit remise en cause. Mais son mariage avec le prince Philippe d'Espagne, de même que la remise en vigueur de la législation contre les hérétiques, contraint quelque 800 protestants à l'exil, en Allemagne et en Suisse, d'où ils lancent une furieuse guerre de pamphlets contre la reine. Environ 300 de ceux qui sont demeurés en Angleterre le payent de leur vie. *The Book of Martyrs,* de John Foxe (1563), contribue à la fâcheuse réputation de la reine, qu'on surnomme *Bloody Mary*. Sa mort, en 1558, met un terme au retour au catholicisme.

Élisabeth s'efforce, dès son avènement, de régler la question en accord avec le Parlement en proposant un compromis entre les diverses opinions religieuses. En 1559, le Parlement vote successivement un Acte de Suprématie et un Acte d'Uniformité qui imposent un nouveau *Prayer Book*. Le refus de l'épiscopat catholique de se conformer à ces prescriptions entraîne son remplacement par des évêques protestants. La question doctrinale est réglée en 1563 par les « 39 articles », qui rétablissent le protestantisme édouardien. Ces mesures sont expliquées et justifiées par l'*Apology of the Church of England,* de Jewel, en 1562.

Élisabeth ne juge pas bon de persécuter les catholiques, espérant sans doute qu'ils finiront par se fondre dans l'Église anglicane. Les événements la détrompent. Réfugiée en Angleterre, Marie Stuart, qui descend elle aussi d'Henri VII, est considérée par les catholiques du continent comme la reine légitime, même si elle est placée en résidence surveillée. En 1568, le cardinal Allen fonde à Douai un collège destiné à former de futurs prêtres pour l'Angleterre. La révolte des comtes catholiques du Nord en 1569 et, surtout, l'excommunication de la reine par Pie V en 1570 provoquent la rupture. Aux complots et aux projets d'invasion de l'Angleterre fomentés par l'Espagne, les Guise et la papauté, et à l'action missionnaire de la Compagnie de Jésus, le gouvernement anglais oppose des mesures répressives de plus en plus sévères. Tiraillés entre leur foi catholique, leur fidélité à la souveraine et leurs craintes, les catholiques anglais ou *recusants* choisissent, en fin de compte, de survivre le plus discrètement possible.

Les puritains ne constituent pas un groupe religieux à part, mais plutôt une tendance au sein de l'Église d'Angleterre, loin, d'ailleurs, d'être monolithique. Ils ne cherchent pas à se séparer de celle-ci, mais plutôt à la réformer. Ce n'est que vers la fin du XVIe siècle que s'élabore un véritable mouvement séparatiste, avec Brown, Barrow et Harrison. Il est néanmoins possible d'identifier les traits sur lesquels ils insistent : rupture totale avec les dernières traces de catholicisme, piété, prédication, liturgie plus dépouillée, prières et discussions en commun *(exercises of prophesying),* théologie d'orientation calviniste, critique modérée de l'épiscopat. Ces traits, a priori, ne heurtent pas les autres anglicans, mais n'empêchent nullement de vives flambées de tensions. Si la *Vestiarian Controversy* du début du règne porte surtout sur les vêtements liturgiques, les affrontements se font plus vifs à partir de 1570 et prennent l'aspect d'une guerre des livres. Devenu archevêque de Cantorbéry en 1583, Whitgift s'engage dans la voie de l'affrontement contre les puritains, d'ailleurs présents tant au Parlement que dans l'entourage même de la reine. Les *Marprelate Tracts,* publiés en 1588-1589 et qui remettent brutalement en cause le système épiscopal, causent un véritable émoi. Le gouvernement réagit avec vigueur et, en 1593, le Parlement vote une loi pour rétablir l'ordre en matière religieuse, ce qui ne met nullement un terme à l'existence du mouvement puritain.

La Réforme catholique

Affaiblie par l'essor du protestantisme, l'Église catholique n'avait d'autre choix que de se réformer profondément, sans renoncer pour autant à ce qu'elle considérait comme infrangible : sa théologie, sa spiritualité, son rôle nécessaire de médiatrice et ses institutions, ce qui lui permettait de se dire catholique dans le droit fil de la tradition chrétienne jusqu'au Christ. Aussi ne chercha-t-elle pas à reprendre à son compte les acquis de la Réforme et encore moins à négocier une union avec les protestants. Elle n'attendait rien d'autre d'eux que leur soumission, quitte à leur accorder des concessions mineures, voire des broutilles. Après l'échec de la diète de Ratisbonne en 1541, elle durcit davantage ses positions. La réorganisation de l'Inquisition romaine en 1542 et la mise en place de l'*Index des livres interdits* dans divers pays à partir de 1544 constituèrent un jalon important dans la volonté de reprise en main de l'Europe chrétienne. Mais l'Église catholique n'oubliait pas, pour autant, de commencer à mettre en place sa propre réforme, fondée à la fois sur un ressourcement de la Tradition, sur les projets de réforme antérieurs à Luther et sur les leçons qu'il convenait de tirer, sur le plan disciplinaire surtout, de la Réforme protestante. Le concile de Trente fut donc l'aboutissement d'une réflexion que l'Église fit sur elle-même.

Une lente gestation

La Réforme catholique, comme la Réforme protestante, plonge ses racines dans les espoirs, parfois partiellement concrétisés, de réforme existant au cours des tout derniers siècles du Moyen Âge. Ces espoirs demeuraient toujours aussi vifs au sein du monde catholique au XVIᵉ siècle, mais la papauté, qui mesurait mieux que quiconque l'ampleur de la tâche, consistant essentiellement à vaincre la résistance de la curie et la lourdeur bureaucratique, demeurait réticente ou, à tout le moins, incapable de l'envisager sérieusement. Le sac de Rome, qui suivit le siège de la ville par les troupes de Charles Quint en 1527, heurta les consciences. Les protestants y virent le signe de Dieu frappant de sa colère la nouvelle Babylone. Pour les catholiques, si cette armée formée d'Espagnols, donc des demi-Juifs selon l'esprit du temps, et de luthériens avait pu saccager la Ville éternelle, cela ne pouvait être interprété que comme un ultime avertissement divin. Clément VII le comprit si bien qu'il se fit pousser la barbe en signe de deuil. Mais ce n'était, en réalité, qu'une étape sur la voie de la Réforme. C'est qu'il existait au sein de l'Église un dynamisme spirituel dont les protestants n'avaient pas toujours pris conscience.

En premier lieu, le renouveau pastoral, largement inspiré par l'humanisme chrétien, mais aussi la spiritualité, que mirent à l'honneur les moines de la chartreuse de Cologne ou de l'abbaye de Sainte-Justine à Padoue, touchèrent les clercs les plus soucieux de réforme, comme les évêques Giberti, à Vérone, et Sadolet, à Carpentras. De nouveaux ordres religieux — Somasques, Théatins, Barnabites, Ursulines, Capucins — tentèrent de concilier austérité, piété, apostolat et action sociale. La Compagnie de Jésus est le plus illustre exemple de ce vaste mouvement de renouveau. Paul III comprit très vite tout ce que saint Ignace de Loyola et ses premiers compagnons pouvaient apporter à la Réforme catholique. La solide formation intellectuelle et spirituelle des jésuites, leur dynamisme, la diversité de leurs champs d'action, qui englobaient prédication, enseignement, direction de conscience et missions, en Europe comme dans les autres mondes, en faisaient des auxiliaires indispensables de l'Église et une arme redoutable contre la tiédeur religieuse, l'incrédulité, l'hérésie et le paganisme.

La réflexion théologique prit un nouvel essor, non

point par des thèmes nouveaux, mais plutôt par une synthèse de la tradition catholique et une lecture approfondie de la pensée thomiste. Cajétan, Eck, Vitoria et l'école de Salamanque, préoccupés par les remises en cause protestantes, s'efforcèrent de fixer les grands concepts du dogme traditionnel. Leur contribution se fit sentir dans les décrets dogmatiques du concile de Trente.

Enfin, la constitution d'empires coloniaux insuffla à l'Église un élan missionnaire qu'elle avait perdu depuis la conversion des Slaves et des Baltes entre le xe et le xiiie siècle. Le baptême de millions d'Amérindiens et d'Africains et la mise en place d'une hiérarchie fortement structurée pouvaient laisser supposer que ce que l'Église avait perdu en Europe, elle le retrouvait en Amérique sous la forme d'une inépuisable moisson. Plusieurs se mirent à rêver d'une *translatio christianitatis*, c'est-à-dire d'une migration du christianisme, vers ces terres nouvelles. Quiroga, Mendieta, Las Casas ou Acosta en firent l'objet d'utiles réflexions sur les rapports entre chrétiens et païens.

Le concile de Trente

C'est en fin de compte la papauté qui sut canaliser ces forces de réforme. Paul III, qui était entièrement acquis à la convocation d'un concile, mit tout en œuvre pour y parvenir, en dépit d'obstacles de toutes sortes. Il devait tenir compte à la fois de l'attitude de Charles Quint, qui souhaitait d'abord régler la question en Allemagne même, de celle des protestants, qui exigeaient de participer de plein droit aux discussions, et enfin des réticences à l'intérieur même de l'Église. Mais il pouvait compter sur l'Italie et l'Espagne, que n'avaient guère touchées les mouvements hérétiques. Ochino, Vermigli, Curione, qui étaient de sensibilité évangélique sans toutefois adhérer à un mouvement quelconque, n'exercèrent leur influence que sur les élites italiennes. La vigueur de la Réforme catholique en Italie les contraignit à l'exil au début des années 1540. En Espagne, la lutte contre le judaïsme et l'islamisme avait engendré une mentalité missionnaire et donné aux Espagnols l'impression qu'ils étaient les défenseurs de la foi en Europe, comme ils l'étaient d'ailleurs en Amérique, et qu'ils ne pouvaient être souillés par une religion étrangère. La confusion que fit l'Inquisition espagnole entre les *alumbrados* (les illuminés) et les luthériens montre que l'évocation d'un pareil danger pouvait être prise au sérieux. Il en alla de même pour la pensée d'Érasme, qui avait pourtant joui d'un grand prestige jusqu'au début des années 1530. Sans se fermer autant qu'on l'a parfois écrit, il est certain que l'Espagne, en grande partie sous la coupe de l'Inquisition et d'un pouvoir royal constamment aux aguets, réussit à écarter tout danger d'hérésie et à maintenir un catholicisme rigide.

L'opiniâtreté de Paul III donna au mouvement de réforme un élan désormais irrésistible. Les cardinaux qu'il avait nommés, Sadolet, Contarini, Pole, Carafa, y poussaient. Par ailleurs, le document préparatoire que le pape avait commandé, *Le Conseil sur la réforme de l'Église* (1537), fixait avec soin la marche à suivre et les réformes à envisager. Le concile s'ouvrit finalement à Trente en 1545 et se poursuivit, en trois sessions, jusqu'en 1563.

Ce n'est pas sans raison qu'il s'attacha d'abord aux questions de dogme. Fort nombreux, les théologiens estimaient que le principal danger résidait dans la théologie protestante. Il convenait d'abord de réaffirmer l'enseignement traditionnel de l'Église, à l'exception, bien entendu, des dogmes partagés avec les protestants comme la Trinité, le ciel, l'enfer, la résurrection, mais surtout de condamner avec vigueur, et point par point, les erreurs de l'adversaire et de démontrer leur caractère hérétique. Le langage utilisé ne laisse d'ailleurs aucun doute sur les intentions des Pères conciliaires : « Si quelqu'un ose affirmer… qu'il soit anathème ! » Ces derniers se faisaient fort d'affirmer que l'Église, inspirée par le Saint-Esprit, n'avait jamais failli dans sa foi. Ils légiférèrent donc sur l'importance de l'Écriture, telle qu'elle avait été transmise par la Vulgate, mais éclairée et expliquée par la Tradition, sur le maintien de la transsubstantiation, des sept sacrements, du culte des saints et de la Vierge, du caractère sacrificiel de la messe, du purgatoire et donc des indulgences, de la liberté des êtres humains par rapport à la grâce divine, de la nécessité des œuvres autant que de la foi pour parvenir au salut. Ils réaffirmèrent l'existence du péché originel, mais ses effets étaient adoucis par le baptême, à l'exception de la concupiscence, considérée comme une simple inclination au mal. Ces canons avaient aussi pour but d'empêcher, à l'intérieur de l'Église, tout écart dogmatique. C'est particulièrement vrai pour la grâce, au sujet de laquelle s'affrontaient les tenants de la « grâce suffisante », offerte librement, et ceux de la « grâce efficace », de facture augustinienne, qui s'impose inexorablement. Les canons qui en traitent sont de véritables chefs-d'œuvre de virtuosité théologique !

Le concile ne se pencha sur les questions disciplinaires qu'à la dernière session. Il évita de traiter de la papauté et du Sacré Collège, mais se préoccupa de l'épiscopat qui dut se soumettre à un certain nombre de contraintes : résidence, tenue de synodes diocésains, visites pastorales, prédication régulière, interdiction du cumul des évêchés. En revanche, les droits des évêques par rapport aux chapitres, à la curie, aux ordres religieux, aux laïcs qui avaient empiété sur leurs prérogatives étaient renforcés. Le clergé paroissial se voyait imposer des réformes strictes : résidence, obligation de prêcher et d'enseigner le catéchisme, rigueur morale, port d'un costume distinctif. Le concile s'efforça de faire disparaître les prêtres vagabonds en interdisant à quiconque d'accéder au sacerdoce sans disposer d'un revenu assuré. Et pour qu'à l'avenir le clergé se conformât au modèle idéal, le concile demanda à chaque évêque de fonder un séminaire dans son diocèse. Quant aux religieux et aux moniales, ils étaient invités à obéir scrupuleusement à leur règle et à respecter les trois vœux monastiques. Enfin, la commende, soit l'attribution d'une abbaye ou d'un monastère à un prêtre séculier ou à un laïc, était interdite.

La mise en œuvre de la Réforme catholique

La réception des décrets dogmatiques ne posa guère de problèmes, les Pères conciliaires ayant soigneusement gommé tout ce qui pouvait prêter à controverse. Quant aux décrets disciplinaires, ils furent plus difficilement acceptés, notamment en France, où les gallicans craignaient de voir grandir l'influence du Saint-Siège. En fait, ils ne s'implantèrent que progressivement et n'atteignirent leur plein effet qu'au milieu du XVIIe siècle. Ce fut le cas des séminaires diocésains. Par contre, les séminaires destinés à la formation des prêtres en pays protestants furent rapidement fondés, à Rome, à Paris, à Louvain, à Pont-à-Mousson. La création du Collège de la Propagande par Grégoire XV en 1622 répondait au même dessein, mais pour les séminaristes destinés aux pays de mission.

La papauté en sortit renforcée et acheva la modernisation de son administration, amorcée dès l'issue du concile, par la création de congrégations spécialisées : Index, Propagande, Saint-Office. La théologie, désormais bien encadrée par les décrets dogmatiques du concile, connut un essor sans précédent avec Bellarmin, Suarez, Lessius. Quant à la spiritualité espagnole, déjà connue par les écrits de sainte Thérèse d'Avila et de saint Jean de la Croix, elle suscita l'essor de l'école française au début du XVIIe siècle avec Bérulle.

La Réforme catholique marque une rupture non seulement entre deux champs confessionnels, mais aussi entre deux mentalités. D'une part, une religion qui s'appuie à la fois sur la parole de Dieu, sur la Tradition, sur les œuvres au sens le plus large du terme, sur le cérémonial, sous la gouverne et la surveillance de l'Église ; de l'autre, une religion qui privilégie l'Écriture seule et la foi en Dieu, sans partage et sans intermédiaire.

CHAPITRE IV

Le monde de la pensée
et le monde des formes

Pour beaucoup, l'époque de la Renaissance se réduit à une extraordinaire effervescence de la vie intellectuelle et artistique. Si l'historien constate volontiers cette effervescence lui aussi, il doit néanmoins se garder de trois erreurs d'interprétation : lui subordonner les autres volets de l'histoire, privilégier indûment l'apport des Italiens ; mésestimer enfin l'importance de la civilisation médiévale. Qu'il ne faille pas réduire une époque à ses représentations intellectuelles et artistiques va de soi. Que les Italiens aient joué un rôle essentiel, nul ne le conteste. Les autres Européens leur ont beaucoup emprunté, mais pas au point de les copier servilement ni de renoncer à leur propre héritage culturel. D'ailleurs, à partir du milieu du XVIᵉ siècle, ils prennent de plus en plus leurs distances. Enfin, le Moyen Âge n'est pas l'époque d'obscurantisme qu'on a dit. S'il a eu ses plages d'ombre, la Renaissance n'a rien à lui envier à ce chapitre.

L'humanisme

Mot galvaudé, qui n'est d'ailleurs apparu qu'au XIXᵉ siècle, et dont les usages abusifs lui ont presque fait perdre toute signification. Qu'on se rappelle la remarque célèbre de Sartre : « L'existentialisme est un humanisme », qui correspond au titre d'une de ses œuvres. Le mot *umanista,* dans le sens de professeur, apparaît à la fin du xve siècle. Si on le rapporte à la période qui nous intéresse, il prend alors un sens plus précis. Encore faudrait-il préciser qu'il ne toucha directement qu'une faible partie des quelque 65 millions d'Européens. Ressortent, en effet, des voies nouvelles, une certaine distance à l'endroit de l'autorité spirituelle, des méthodes critiques éprouvées, un grand souci pédagogique, une confiance dans les possibilités de l'homme, le culte de la beauté, relayés par cette merveilleuse invention que fut l'imprimerie. Ce qui n'est tout de même pas peu.

Le terreau italien

L'origine des *studia humanitatis* ou *studia humaniora* (les études humanistes) remonte au plus tôt à la fin du xiiie siècle. En recommandant de puiser directement chez les grands auteurs tels Cicéron, Virgile et Sénèque, Pétrarque assurait leur légitimité en même temps qu'il esquissait un programme. Leonardo Bruni rappela plus tard que la période d'obscurité avait duré quelque 700 ans avant que Pétrarque ne fît « renaître à la lumière la grâce antique du style perdu et éteint ». Alléguant leur attachement à une culture dont ils se croyaient légitimement les héritiers, les Florentins Coluccio Salutati, Flavio Biondo et Leonardo Bruni s'efforcèrent de prouver la persistance de l'idéal républicain cicéronien dans le régime politique de Florence, en dépit d'un hiatus entre la fin de l'Empire romain et le xve siècle.

La parfaite maîtrise de la langue latine classique leur apparaissait nécessaire pour assimiler et éventuellement reproduire la culture ancienne. Ils devaient donc se doter des outils appropriés pour y parvenir. Il leur apparut assez vite que les vieux manuels comme le *Doctrinale* d'Alexandre de Villedieu et l'*Ars minor* de Donat étaient insuffisants. Au xve siècle, Nicollò Perotti, Ange Politien et Laurent Valla répondirent à ces besoins. Mais il fallait pouvoir disposer du corpus le plus complet possible de la littérature latine, dont des pans entiers demeuraient introuvables. Dans la foulée de Pétrarque, des humanistes comme Le Pogge, recherchèrent les textes, surtout dans les monastères. Il fallait ensuite trouver des méthodes sûres pour les déchiffrer et en vérifier l'authenticité. Il leur restait enfin à les publier, débarrassés de leurs scories, en utilisant la *littera antiqua,* la cursive humanistique qui, en Italie, remplaça peu à peu l'écriture gothique. Ces manuscrits, et plus tard les livres imprimés, trouvèrent place dans les bibliothèques comme celles de Pic de la Mirandole, de René d'Anjou ou du Vatican.

Quels que fussent les mérites de la langue et de la civilisation latines, les humanistes ne tardèrent pas à s'aviser que la connaissance approfondie de l'héritage grec était indispensable. Sans doute les Italiens, surtout les Vénitiens, n'avaient-ils pas méconnu la langue grecque, probablement dès le XIIIe siècle. Mais la littérature grecque n'était accessible que par des traductions latines, parfois fautives et surtout peu nombreuses. Les canons du concile de Vienne de 1320 avaient prescrit l'étude du grec, de l'hébreu, de l'arabe et de l'araméen, mais ils étaient restés largement lettre morte. C'est à Salutati que revient le mérite d'avoir tout mis en œuvre pour inciter Emmanuel Chrysoloras à enseigner la langue grecque au Studium de Florence de 1397 à 1400. Leonardo Bruni et Palla Strozzi comptèrent parmi ses élèves. D'autres, comme Francesco Filelfo, choisirent d'étudier à Constantinople. Mais c'est aux exilés grecs que revient le rôle essentiel : Jean Argyropoulos, Georges de Trébizonde, Constantin et Janus Lascaris, et surtout le cardinal Bessarion, célèbre par ses travaux sur Platon et les Pères de l'Église et par la bibliothèque qu'il légua à la République de Venise. Grâce à un nombre croissant d'hellénistes et à l'afflux de manuscrits rapportés d'Orient, les publications de textes grecs de tous ordres se multiplièrent. Les grammaires de Chrysoloras et de Georges de Trébizonde permirent d'acquérir les connaissances indispensables. Ce mouvement toucha d'abord Florence, mais dès la fin du XVe siècle, à Venise, les Aldes, qui s'étaient spécialisés dans la publication d'œuvres grecques, créèrent un véritable milieu hellénisant qui favorisa la formation de l'Académie aldine, regroupant correcteurs, auteurs et imprimeurs.

L'acquisition de l'hébreu parut tout aussi indispensable, à la fois pour mieux comprendre les sources bibliques, mais aussi pour pouvoir puiser dans l'héritage culturel que représentaient le Talmud et la Kabbale. D'usage courant en Espagne, l'hébreu n'était guère connu ailleurs, sauf dans les cercles rabbiniques d'Europe orientale. Pellikan et Reuchlin fournirent aux chercheurs les outils nécessaires à son étude.

Loin d'être des chercheurs solitaires, les humanistes s'efforcèrent de réfléchir sur les meilleures méthodes pédagogiques : une connaissance approfondie des langues et des textes, mais aussi la sagesse qu'ils jugeaient nécessaire à leur épanouissement personnel. En outre, ils prirent très tôt conscience qu'un encadrement constant, mais toujours respectueux des capacités et des besoins individuels, convenait particulièrement aux adolescents et aux jeunes adultes dont ils avaient la charge. Ce sont des thèmes que développèrent Pier Paolo Vergerio et Leonardo Bruni dans leurs traités sur l'éducation. La découverte par Le Pogge, en 1416, du texte complet de l'*Institution oratoire,* de Quintilien, ouvrit des perspectives nouvelles dans l'étude et l'utilisation de la rhétorique comme mode de formation. Ces méthodes pédagogiques s'imposèrent dans les écoles humanistes fondées au XVe siècle, qui accueillaient essentiellement des fils de notables, comme la Ca'zoiosa (la maison joyeuse) de Vittorino de Feltre, à Mantoue. L'Académie de Careggi, créée conjointement par Marsile Ficin et par Côme de Médicis dans la villa de ce dernier près de Florence, n'était pas, à proprement parler, une école, mais un lieu de réflexion et de discussion sur la pensée platonicienne et aussi un lieu de ressourcement religieux, ouvert à tout ce que Florence comptait d'intellectuels. Quoiqu'à un moindre degré, le monde universitaire italien fut touché, sans doute dès le milieu du XIVe siècle. Le Studium de Florence, créé en 1349, accueillit successivement Boccace, Chrysoloras, Guarino da Verona, Filelfo. Le cardinal Bessarion réforma profondément les universités de Bologne et de Padoue dans une perspective humaniste.

La véritable révolution qu'est l'imprimerie va

mettre à la portée de tous ce qui n'était jusqu'alors accessible qu'à une minorité et fournir aux humanistes ce dont ils ont besoin pour faire connaître leurs travaux. La *Bible à 42 lignes,* dite de Gutenberg, est le premier ouvrage imprimé, en 1455. Les entrepreneurs autant que les humanistes et les lecteurs comprennent vite tout l'intérêt de cette invention qu'à vrai dire tout le monde attendait, à défaut d'avoir pu l'imaginer. À la fin du siècle, plus de 200 presses fonctionnent. Si près de la moitié des livres imprimés au XVe siècle, ceux que l'on appelle les incunables — 30 000 à 40 000 titres environ —, sont à caractère religieux, le reste est constitué d'ouvrages littéraires, scientifiques ou juridiques d'auteurs de l'Antiquité et du Moyen Âge, ce qui correspond sans doute aux attentes des humanistes. En effet, pour ceux-ci, la connaissance ne peut exister légitimement que si les principaux acteurs travaillent de conserve et que ceux qui veulent se l'approprier peuvent le faire aisément. Que le grand imprimeur vénitien Alde Manuce ait publié en quelque 20 ans 27 éditions princeps d'auteurs grecs permet de mesurer l'ampleur du phénomène.

À la fin du XVe siècle, l'humanisme était désormais largement établi. Marsile Ficin et Pic de la Mirandole tentèrent d'approfondir leur connaissance des philosophes de l'Antiquité et d'ouvrir des perspectives philosophiques ou théologiques nouvelles. Encouragé par Côme de Médicis, Marsile Ficin se consacra à la traduction et au commentaire des œuvres de Platon et de philosophes néo-platoniciens comme Plotin. Il chercha aussi à réconcilier la philosophie platonicienne avec la religion chrétienne, mais aussi toutes les religions entre elles, y compris celles de l'Antiquité. Pic de la Mirandole, célèbre de son vivant pour l'universalité de son savoir et ses vastes connaissances linguistiques, chercha à prouver le lien entre toutes les doctrines pour pouvoir parvenir à la *pax philosophiae* (la paix de la philosophie). Il l'exposa dans son traité *De la dignité humaine,* un véritable hymne à la liberté et aux possibilités infinies de l'être humain, qui précède les « 900 thèses » qu'il entendait défendre publiquement contre tout contradicteur.

La République des lettres

L'Italie était le modèle culturel, accepté ou subi, et ce, depuis le XIVe siècle. Les Français avaient côtoyé des humanistes italiens à Avignon et à Paris. Le collège de Navarre diffusa d'ailleurs plusieurs de leurs textes jusqu'en 1418. Le roi de Hongrie, Louis d'Anjou, correspondit avec Pétrarque et Salutati. Plus tard, l'empereur Sigismond attira Piero Paolo Vergerio en Hongrie, et celui-ci forma les premiers humanistes hongrois. En Angleterre, le duc de Gloucester et le cardinal Henry Beaufort s'intéressèrent aux idées nouvelles, et le Magdalen College, à Oxford, en devint une pépinière. Mais ces liens étaient, somme toute, assez lâches. Il faudra attendre le milieu du XVe siècle pour que l'humanisme commence à s'imposer définitivement. La découverte de l'imprimerie n'y est certes pas étrangère. À Paris, Guillaume Fichet et Heylin établirent la première presse parisienne à la Sorbonne en 1470. En trois ans, ils publièrent 22 volumes d'auteurs classiques ou d'humanistes. En Allemagne, le véritable initiateur des études humanistes fut le futur pape Pie II, Aénéas Sylvius Piccolomini, membre de la chancellerie impériale de Frédéric III. Par la suite, des princes territoriaux, des villes, des universités comme celles d'Erfurt ou de Vienne, des écoles latines comme celle de Sélestat s'ouvrirent aux idées nouvelles. Un peu partout se créèrent des *sodalitates litterariae* (des cercles littéraires). En Pologne enfin, l'élite intellectuelle, très ouverte sur l'Occident, accueillit l'humanisme, à telle enseigne qu'y circulait le brocard suivant : *Fit barbara terra latina* (« la terre barbare devient latine »).

En l'espace de quelques années se créa en Europe une véritable République des lettres, présidée, jusqu'en 1536, par Érasme. Les lettres de celui-ci — dont quelque 3 150 sont connues à ce jour —, échangées avec plus de 700 correspondants, donnent une idée de son étendue et aussi des grands thèmes qui y étaient débattus. Qui d'autre, mieux qu'Érasme, illustre ce que fut l'humanisme européen au cours du premier tiers du XVIe siècle ?

Des peintres, Dürer, Metsys, Holbein, ont fixé le portrait d'un petit homme frileux au visage émacié mais finement dessiné et au regard voilé de mélancolie, que la maladie ne cesse de tourmenter. Âpre au gain, volontiers ironique, Érasme ne badine pas quand il s'agit de défendre la seule place qui lui revienne, la première. Ami fidèle, voire affectueux, il exige néanmoins beaucoup des autres et ne tolère de leur part aucun écart. Ses rancunes sont tenaces et redoutées. Il a dominé son époque par des qualités intellectuelles hors du commun, une œuvre immense et variée, écrite dans un latin châtié et élégant. Il a voulu exprimer ce que la culture gréco-latine avait de meilleur, mais aussi se consacrer à la réforme d'une Église qu'il souhaitait épurée et simple, appuyée sur ses grands textes fondateurs. C'est dans ses lettres qu'il se livra le plus. Il y distribuait libéralement ses opinions, mais aussi ses louanges et ses critiques, à côté de sujets plus triviaux comme sa santé, ses problèmes d'argent et les effets bénéfiques du vin de Bourgogne. Érasme fut, dans toute l'acception du terme, un véritable Européen. Né aux Pays-Bas, il n'y vécut qu'épisodiquement, voyageant beaucoup entre la France, l'Italie et l'Angleterre, pour finir ses jours à Bâle. De langue néerlandaise, il ne parla celle-ci que par nécessité et ne l'écrivit jamais. Il ne daigna apprendre ni l'anglais, ni le français, ni l'italien, ni l'allemand auxquels il était, pourtant, quotidiennement confronté. C'est en latin qu'il vivait.

De son œuvre, immense et variée, quelques grands textes se dégagent : les *Adages* (1500), recueil de proverbes grecs et latins sans cesse enrichi au cours de ses éditions successives, *Le Manuel du soldat chrétien* (1504), où il propose une réforme de l'Église, *L'Éloge de la folie* (1511). Les libertés qu'il prit à l'égard de la Vulgate, la traduction latine de la Bible par saint Jérôme, dans son édition du Nouveau Testament à partir du texte grec inquiétèrent les plus timorés. Ses éditions et commentaires des Pères de l'Église firent autorité et servirent longtemps de référence aux érudits. Dans le *Ciceronianus* (1528), il pourfendit les imitateurs serviles de Cicéron qui, à son sens, travestissaient la religion chrétienne.

Cette République des lettres a désormais comme patrie l'Europe et comme langue le latin, de la meilleure eau qui soit. Elle est constituée de laïcs comme d'ecclé-siastiques, de nobles, d'hommes d'État, de juristes, d'im-primeurs, d'historiens, de grammairiens, d'universitaires. Des rois, Henri VIII, François Ier, des papes, Léon X, Adrien VI, Paul III et des femmes, Marguerite d'Angou-lême, Cassandra Fedele, Margaret More, la fille aînée de Thomas More, s'honorent d'en faire partie. L'Italie n'en est plus la patrie exclusive, encore que Padoue, à cause de son université, Venise à cause des Aldes, et les innom-brables académies comme l'Accademia dei Filleleni, les Orti Oricellari, l'Accademia Fiorentina demeurent de hauts lieux de l'humanisme. Ailleurs, ce mouvement s'épanouit dans des villes universitaires comme Oxford, Paris, Louvain, Wittenberg, Alcalá de Henares où le cardi-nal Jiménez a fondé en 1508 une université bientôt cé-lèbre pour l'idéal érasmien qui y règne ; il fleurit aussi dans des villes d'imprimeurs et dans certaines cours royales ou princières.

Les humanistes ont le sentiment de vivre à une époque privilégiée et aussi d'en être les acteurs. Dans une lettre à son ami Vettori, Machiavel lui expose comment, le soir, après avoir quitté les rustres de son entourage, il se pare de ses plus beaux vêtements pour lire et méditer les textes des Anciens. Dans une lettre à Pirkcheimer datée de 1518, Von Hutten s'exclame avec enthousiasme : *« O saeculum ! O litterae ! Juvat vivere… vigent studia, florent ingenia… »* (« Oh siècle ! Oh savoir ! Comme il est agréable de vivre… les études sont à l'honneur, les talents s'épanouissent… »). Et enfin Rabelais constate, non sans exagération, dans la lettre de Pantagruel à son fils Gargan-tua, que :

> maintenant toutes disciplines sont restituées, les langues instaurées : graecque… hébraïcque, chaldaïque, latine… Tout le monde est plein de gens sçavans, de precepteurs très doctes, de li-brairies très amples, et m'est advis que ny au temps de Platon, ny de Ciceron, ny de Papinian, n'estoit telle commodité d'estude qu'on y veoit maintenant… Je voy les brigans, les boureaux,

> les avanturiers, les palefreniers de maintenant
> plus doctes que docteurs et prescheurs de mon
> temps.

En dépit de leurs convictions communes, les humanistes étaient souvent séparés par des querelles personnelles féroces ou, tout simplement, par des divergences d'opinions. Certains souhaitaient que l'humanisme fût le fer de lance de la réforme ecclésiastique. John Colet, Thomas More, Lefèvre d'Étaples, Jiménez, Érasme y consacrèrent une bonne partie de leurs efforts. Une autre tendance, plus paganisante, se développa dans les milieux padouans. Elle faisait confiance à la morale naturelle ou à la raison et minimisait les dogmes religieux. Pomponazzi soutenait ainsi qu'il n'existait pas de preuves rationnelles de l'immortalité de l'âme. Et comment ne pas prendre en compte le curieux ouvrage de Francesco Colonna, le *Songe de Poliphile,* œuvre d'inspiration païenne et érotique, imprimée anonymement à Venise par Alde Manuce en 1499 ? Il était accompagné de gravures de Mantegna. Beaucoup plus tard, Giordano Bruno continuera cette tradition. En Allemagne, l'humanisme prit une coloration nettement patriotique. La découverte de la *Germanie* de Tacite, publiée en 1500 par Conrad Celtis, incita les premiers humanistes, encouragés par l'empereur Maximilien, à exalter leur patrie et à faire mentir l'adage *Italia Germania docet* (l'Italie enseigne à l'Allemagne). En s'inspirant des humanistes florentins du XVe siècle, en particulier de Biondo, Bruni et Salutati, plusieurs allemands comme Celtis ou Beatus Rhenanus célébrèrent avec emphase la grandeur de la Germanie et de ses habitants. Sans doute la *translatio studii,* le déplacement des études vers l'Allemagne, qu'ils souhaitaient ne se réalisa-t-elle pas, du moins eurent-ils le sentiment qu'ils ne cédaient en rien aux Italiens *(ne Italo cedere videamur).*

L'intérêt des humanistes pour la pédagogie demeure vif. Ils continuent, certes, à publier et à commenter les grands textes de l'Antiquité et à rédiger des instruments de recherche ou des méthodes d'apprentissage du latin comme les *Colloques* d'Érasme ou la *Pédagogie* de Mosellanus, mais ils s'intéressent de plus en plus au contenu pédagogique proprement dit. L'enseignement de la rhétorique prend, avec Érasme, une grande importance. À la suite de Quintilien et de Cicéron, Érasme insiste sur la *copia verborum* (la richesse du vocabulaire), la *copia rerum* (la connaissance de la nature), le lien entre *eloquentia* et *scientia* et enfin sur les buts de la rhétorique : *docere, delectare, movere* (enseigner, plaire, émouvoir). À la formation intellectuelle, les humanistes ajoutent, dès la petite enfance, la formation morale, les exercices physiques et les bonnes manières. Érasme, Vivés, Sturm, Elyot, Asham rédigeront ainsi des ouvrages qui sont à la fois des manuels de civilité, des conseils de pédagogie et des programmes scolaires à l'intention des princes ou des élites. Dans le *Traité de la civilité des mœurs enfantines* (1526), Érasme énumère les qualités que doit posséder l'enfant parfaitement élevé. Castiglione, dans *Le Courtisan* (1528), dépeint, à l'intention des jeunes nobles d'Urbino, le portrait de l'homme de cour accompli, raffiné, cultivé, policé, parfaitement à l'aise dans les milieux où il doit évoluer. Les deux ouvrages connurent la célébrité.

Les humanistes n'avaient que médiocrement réussi, jusqu'alors, à pénétrer le monde universitaire. Ils se présentent désormais comme des hommes nouveaux, *cupidi rerum novarum* (passionnés de nouveautés), qui combattent le *Theologicus loquendi modus* (la manière de s'exprimer propre aux théologiens), symbole pour eux de la désuétude de la scolastique et de la lutte de pouvoir aussi, sans aucun doute, pour le contrôle des chaires et des programmes. De part et d'autre, les propos sont toujours violents et parfois grossiers. La querelle des hommes obscurs, en 1516, l'illustre éloquemment. La Réforme creusera davantage le fossé.

Il est difficile de mesurer l'impact de l'humanisme sur l'enseignement universitaire. D'abord parce que notre connaissance des universités — il y en avait environ 140 au XVIe siècle — est encore loin d'être satisfaisante. Ensuite parce que les vieilles méthodes d'enseignement, coexistant souvent avec les nouvelles, vont se perpétuer au moins jusqu'au XVIIe siècle. Enfin, la présence d'humanistes reconnus ou l'implantation de méthodes ou de disciplines modernes dans une université n'indiquent pas clairement que celle-ci offrira désormais un programme d'études résolument humaniste. Il n'en demeure pas moins que les idées nouvelles se répandent. La Réforme favorisera indubitablement l'implantation de l'humanisme dans les universités allemandes. La leçon inaugurale de Melanchthon à l'Université de Wittenberg en 1518 illustre bien le parti pris humaniste de celui que ses contemporains ont surnommé *Praeceptor Germaniae* (le précepteur de l'Allemagne), tout autant que le programme d'études qu'il réussit à imposer aux universités passées à la Réforme. En Angleterre, le rôle des humanistes anglais formés en Italie, comme Grocyn, Linacre, Colet, est important, tout comme celui d'Érasme, par son enseignement à Cambridge. La fondation de collèges comme Corpus Christi, Trinity et Cardinal à Oxford, Saint John's et Emmanuel à Cambridge, voués aux nouveaux savoirs et bientôt aussi à une nouvelle clientèle laïque, la création de chaires de droit, de médecine, de théologie, de grec et d'hébreu à Oxford et à Cambridge en 1540, par Henri VIII, apparaissent essentielles. Toutefois, les universités ne sont pas toujours favorables à l'enseignement nouveau. La création du collège trilingue de Louvain et du Collège royal de Paris, où le programme d'études reposait sur les idées humanistes, souleva leur inquiétude.

À un échelon inférieur, toutefois, des collèges sont fondés, qui dispensent un enseignement humaniste : en France, ceux de Baduel à Nîmes, d'André Gouvéa à Bordeaux ; en Allemagne, le Gymnasium (le collège) de Jean Sturm à Strasbourg ; à Genève, l'Académie de Calvin et de Théodore de Bèze. La fondation des collèges de la Compagnie de Jésus — il en existe déjà une trentaine en 1556 — illustre la pertinence de ce modèle fondé sur une harmonieuse intelligence entre l'enseignement de la foi et celui des humanités.

Après le milieu du siècle, l'humanisme a définitivement gagné la partie. Il irrigue désormais les diverses branches du savoir. La lecture assidue des philosophes grecs et une meilleure compréhension des enjeux de leurs systèmes permettent au stoïcisme et au scepticisme sous sa forme la plus extrême, le pyrrhonisme, de renaître. De même, la violence religieuse incite quelques rares esprits comme Castellion, dans *Faut-il persécuter les hérétiques ?* (1554), à s'appuyer sur les valeurs de l'humanisme chrétien pour défendre la tolérance. Pour être atypique, l'exemple de Juste Lipse n'en est pas moins révélateur. Il enseigna à Iéna, à Leyde et à Louvain, et fut, selon les nécessités du moment, luthérien, calviniste et catholique !

Enfin, les académies qui se multiplient en Italie, mais aussi en Angleterre avec la Society of Antiquaries et en France avec l'Académie de poésie et de musique et l'Académie du Palais, montrent bien que l'humanisme est désormais le modèle culturel de référence. Les humanistes mettent à profit les méthodes de travail de leurs prédécesseurs pour publier des éditions de textes anciens ou des dictionnaires, comme *Le Trésor de la langue latine* (1539), de Robert Ier Estienne, et *Trésor de la langue grecque* (1572), d'Henri II Estienne. Mais c'est dans le domaine de l'histoire qu'ils vont surtout se signaler, d'abord avec des réflexions sur sa nature et sur son rôle, comme *La Méthode pour la connaissance facile de l'histoire* (1566) de Jean Bodin, plus encore avec des recherches sur les origines médiévales du monde moderne, ce qui montre la distance que prennent désormais les humanistes à l'endroit de l'Antiquité. Aussi leurs travaux, qu'ils concernent l'histoire nationale ou encore l'histoire religieuse comme les *Centuries de Magdebourg,* d'Illyricus (1559-1574), ou l'*Histoire ecclésiastique* de Baronius (1588-1607), sont-ils à la fois érudits et polémiques. L'histoire du droit commence à prendre corps. Au début du XVIe siècle, Budé s'efforce de reconstituer le texte exact du droit romain et de décrire sa genèse. Il est à l'origine du *mos gallicus,* la méthode française, que perfectionnera Alciat et qui prendra au cours de la deuxième moitié du siècle une importance considérable grâce à Cujas et à ses disciples. Il en ira de même pour le droit coutumier, la *Common Law,* le droit féodal, le droit canon, tous passés au crible de la critique historique.

L'univers des sciences

On ne saurait parler d'une véritable révolution scientifique au XVIe siècle tant les travaux sont dispersés, les recherches inachevées, la réflexion méthodologique insuffisante et l'autorité des Anciens difficile à remettre en cause. Mais les premiers jalons qui vont rendre possible une telle résolution sont désormais en place. Rompant avec l'encyclopédisme médiéval, les chercheurs se consacrent davantage à l'étude approfondie de leur propre discipline. En outre, à côté des érudits formés aux disciplines scientifiques traditionnelles apparaissent des praticiens qui commencent à mettre sur pied une véritable méthode expérimentale. Là aussi le rôle de l'humanisme est fondamental.

Les mathématiques et l'astronomie

La maîtrise des mathématiques s'imposait pour les hommes d'affaires, mais elle était aussi indispensable pour la connaissance des autres sciences et des techniques. Un peu partout en Europe, des chercheurs comme Regiomontanus, Cardan, Viète et Briggs prennent appui sur les découvertes de Pythagore, d'Euclide et des mathématiciens arabes et indiens et approfondissent leur connaissance de la géométrie et de l'algèbre.

Bien que les astronomes de la fin du Moyen Âge eussent déjà signalé les imperfections du système de Ptolémée et d'Aristote, il faudra attendre le XVIe siècle pour que s'opère une véritable révolution. Dans *La Révolution des orbes célestes* (1545), Copernic place le Soleil au centre du monde, tandis que les planètes tournent sur elles-mêmes et autour de lui. À la fin du siècle, Tycho Brahé élabore une véritable méthode d'étude du ciel à partir de son observatoire d'Uraniborg. Kepler démontre que les planètes décrivent une trajectoire elliptique dont le Soleil occupe l'un des foyers. Au début du XVIIe siècle, il revient à Galilée, qui avait inventé le télescope, de prouver la véracité des thèses de Copernic et de Kepler et de créer l'astronomie moderne. Mais en même temps, Galilée met crûment en lumière le problème des relations entre la foi et la science. Sa conception du monde, qui remet en cause les conceptions aristotélicienne et chrétienne, lui vaut d'être condamné par le Saint-Office.

Les techniques

Le monde des techniques reposait largement sur l'expérimentation. Les gens de mer avaient su améliorer les modes de construction des navires, dessiner des cartes plus précises, mettre au point des instruments de mesure, acquérir la connaissance des vents et de l'hydrographie. En architecture, Brunelleschi étonna tous ses contemporains en élevant à Florence le dôme de Santa Maria del Fiore. Mais bientôt, on vit apparaître des traités qui faisaient la synthèse des connaissances, comme *De l'architecture* (1485) d'Alberti. En 1556, Agricola publia *De la métallurgie,* dans lequel il jetait les fondements du génie minier, métallurgique et mécanique. Léonard de Vinci se démarqua de ses contemporains. Il s'intéressa à de nombreux problèmes techniques qu'il observa méthodiquement. Il sut dessiner avec précision des plans de machines, bien que la plupart aient été inutilisables. Son influence sur le développement de la science fut, en fin de compte, médiocre, faute de ne pas avoir pu ou su exploiter ses intuitions.

La médecine

L'enseignement de la médecine reposait sur les travaux des médecins grecs, Galien et Hippocrate, et de leurs commentateurs arabes. Selon eux, le corps humain était composé de quatre humeurs (bile jaune, bile noire, sang, phlegme) dont le déséquilibre causait la maladie. À ces humeurs correspondaient les quatre tempéraments (colérique, mélancolique, sanguin, flegmatique). À défaut d'interpréter correctement la cause des maladies, les médecins pouvaient en faire une description souvent exacte. La thérapeutique, guère efficace, reposait sur l'expulsion des « humeurs peccantes » ou l'ingestion d'électuaires comme la thériaque. Néanmoins, les progrès ne sont pas minces et certains médecins commencent à remettre en cause l'autorité des maîtres anciens. Paracelse s'intéresse à l'utilisation des métaux et des minéraux dans les traitements. Les recherches anatomiques progressent avec les travaux de Vésale, qui préconise la médecine expérimentale. Ambroise Paré, barbier-chirurgien, rédige en français, ce qui fait scandale, de remarquables traités qui en font le père de la chirurgie moderne.

Les littératures nationales

En dépit de la place et du prestige incontestables du latin, les langues vernaculaires commencent désormais à pénétrer dans des domaines qui leur étaient jusqu'alors interdits. Les nécessités de la pastorale protestante ne pouvaient que conduire à la traduction de la Bible dans la plupart des langues européennes. Non moins importante est la publication d'ouvrages à caractère théologique en langue vulgaire. L'*Appel à la noblesse de langue allemande,* de Luther, et l'*Institution de la religion chrétienne,* de Calvin, constituent à eux deux une véritable révolution. Enfin, les grands textes de l'Antiquité deviennent désormais accessibles à tous. La traduction des *Vies* (1559) et des *Œuvres morales* (1572) de Plutarque par Jacques Amyot est un événement littéraire, mais aussi celles de textes du Moyen Âge comme l'*Amadis de Gaule* et *Le Roman de la rose.*

L'impatience de secouer le joug culturel du latin appelle des mises au point et des justifications. En France, en Espagne, en Italie, des auteurs comme du Bellay, Robert Ier Estienne, Valdés et Bembo s'efforcent de démontrer que les langues vulgaires, en constante évolution, sont mieux à même que le latin, désormais figé, de représenter fidèlement la modernité. L'immense littérature en langue vulgaire qui déferle alors sur l'Europe en empruntant les genres les plus divers et le recul correspondant du latin montrent que la partie est désormais gagnée.

Le théâtre

Monde foisonnant que celui du théâtre, qui puise à la fois dans le riche fonds médiéval et chez des auteurs anciens comme Plaute, Térence et Sénèque. De nombreuses troupes itinérantes plantent leur chapiteau un peu partout et jouent des pièces que l'on pourrait qualifier de populaires, mais dont le fond est parfois d'origine savante. Le texte est généralement réduit à un canevas à partir duquel les acteurs improvisent. Certaines de ces troupes sont protégées par des grands seigneurs et autres nobles. Quelques-unes réussissent à se fixer dans des salles permanentes qui finissent par devenir de véritables théâtres, où se rend une foule bigarrée, bruyante, parfois violente, qui vient y chercher la part de rêve que la vie ne lui ménage pas toujours. À Londres, le Blackfriars, le Whitefriars, le Cygne, la Rose, le Globe ; à Vicence, le Teatro Olimpico, construit par Palladio ; à Parme, le théâtre Farnèse. Mais en même temps, ces troupes s'attaquent à de grands textes, ceux de Shakespeare par exemple, pour satisfaire un public sans doute plus exigeant.

En Espagne, le XVIe siècle s'ouvre avec la *Célestine,* issue de la plume de Fernand de Rojas. Il se clôt avec Lope de Vega, qui écrivit, dit-on, 800 pièces, dont il ne reste pas la moitié. En Angleterre, Shakespeare domine son époque avec une œuvre constituée de drames historiques, de tragédies et de comédies superbement écrites et dont la portée est universelle. Il éclipse ses contemporains Ben Jonson et Christopher Marlowe. En France, le théâtre n'a pas le même éclat. Et pourtant, Jodelle, Théodore de Bèze et surtout Robert Garnier confèrent un certain prestige à la tragédie, et Odet de Turnèbe à la comédie. En Allemagne, Hans Sachs, membre de la corporation des Meistersinger (les maîtres chanteurs), héritiers d'une longue tradition théâtrale, laisse une œuvre considérable. En Italie, le théâtre de cour accueille des pastorales et aussi des pièces plus sérieuses, comme la *Mandragore* de Machiavel. C'est surtout la *commedia dell'arte* qui aura la postérité la plus éclatante. Apparue au XVe siècle, mais fondée sur une longue tradition de scène remontant jusqu'aux *attelanes* romaines, elle repose sur l'improvisation, les jeux de scène, une intrigue menée avec brio et des personnages convenus :

Arlechino, Pedrolino, Zani, Pulcinella. Dès le milieu du XVIe siècle, des troupes italiennes se produisent en France ; leur influence se fera sentir jusque sur la pantomime du XIXe siècle.

La poésie

Le répertoire poétique du XVIe siècle est considérable. Une partie notable de celui-ci est constitué de poèmes néo-latins, issus de la plume d'humanistes, mais qui sont, dans une large mesure, tributaires des modèles classiques. Mais c'est la poésie en langue vulgaire qui s'impose, tant par la maîtrise de sa forme et de son style que par la qualité de son inspiration, que ce soit en Angleterre avec Sidney, Spenser et Shakespeare, en Allemagne avec Hans Sachs, en Italie avec les grands textes héroïques de l'Arioste et du Tasse, en Espagne avec la poésie spirituelle et allégorique de saint Jean de la Croix. En France, le groupe de la Pléiade, dominé par Ronsard et du Bellay, insiste sur le rejet des genres médiévaux, sur l'imitation raisonnée des Anciens, sur l'importance de l'inspiration et sur la dignité de la mission du poète. Il ne saurait éclipser ni Marot, ni le groupe lyonnais sous la houlette de Maurice Scève, qui comprend aussi des femmes comme Pernette du Guillet et Louise Labé, ni d'Aubigné, le grand poète huguenot.

Les œuvres en prose

Le domaine de la prose est très varié. Le récit romanesque est dominé par deux grands auteurs : Rabelais qui, dans *Pantagruel, Gargantua,* le *Tiers livre,* le *Quart livre* et le *Cinquième livre,* sans doute apocryphe, explore l'idéal humaniste, la réforme religieuse, la réflexion politique et tous les replis de l'âme humaine dans un style truculent et une langue inventive et débridée, et Cervantès dont le *Don Quichotte* est une amère et subtile réflexion sur les grandeurs et les limites de l'idéalisme et du sens commun. Le récit philosophique est représenté par Montaigne qui, dans ses *Essais,* livre ses réflexions sur la conduite de la vie fondée sur l'expérience et la lecture des Anciens. Enfin, l'histoire est le plus souvent écrite en langue vernaculaire : histoire érudite et patriotique, comme l'*Histoire d'Italie,* de Guichardin, ou les *Recherches de la France,* de Pasquier.

Les arts

Berceau de l'humanisme, l'Italie fut aussi celui de la Renaissance artistique. Les deux mouvements étaient étroitement liés car ils avaient été fondus dans le même creuset, celui de la cité-État, et entretenaient avec l'Antiquité le même rapport. Les artistes considéraient celle-ci comme une source d'inspiration, voire un décor, sans pourtant la laisser s'imposer au point de ne plus pouvoir donner libre cours à leur talent. L'Europe entière se passionna pour cette efflorescence de l'art italien, mais elle se garda bien de l'imiter servilement. Dans la plupart des cas, elle l'adapta à ses propres traditions. Enfin, la pratique de la profession de peintre, de sculpteur ou de musicien était étroitement liée à l'existence du mécénat.

Les arts plastiques

Les artistes avaient deux préoccupations. Ils devaient, d'une part, s'efforcer de reproduire la nature au sens général du terme, donc connaître les lois de la perspective, définies par Piero della Francesca dans son *Traité de la perspective* (vers 1485), et les multiples nuances de la lumière, ainsi que de dessiner ou sculpter parfaitement plantes, animaux et corps humain. Il leur fallait, d'autre part, imprimer à leurs œuvres la beauté, reflet de la beauté éternelle et nécessairement fondée sur la symétrie, l'harmonie et le respect des proportions, thème cher aux néoplatoniciens. Cette beauté, l'Antiquité leur en fournissait les canons, qu'ils pouvaient facilement retrouver dans les ruines et les collections d'antiques de même que dans des ouvrages théoriques comme *De l'architecture,* de Vitruve. C'est ainsi que vont réapparaître les ordres (dorique, ionique, corinthien) en architecture, et le nu en peinture et en sculpture. La cité idéale, dessinée par les architectes et ornée d'œuvres de peintres et de sculpteurs, devenait, de ce fait, le *locus amoenus* (le lieu agréable) des Anciens, qui contenait l'essentiel de l'héritage esthétique de l'Anti-quité, mais disposé dans un cadre moderne et toujours soigneusement géométrique, où régneraient la *commoditas* et la *voluptas.* Ce rêve d'inspiration platonicienne traversera tout le siècle avec les villes utopiques décrites dans l'*Utopie,* de More, la *Cité du soleil,* de Campanella, la *Nouvelle Atlantide,* de Bacon, au demeurant sans grand espace de liberté, et, dans une moindre mesure, avec l'abbaye de Thélème dans le *Gargantua* de Rabelais, où celui-ci prône surtout le « fay ce que vouldra ». Certaines de ces villes idéales virent le jour comme Palmanova. D'autres demeurèrent à l'état de projet, comme ceux de Filarete, de Laurana, de Piero della Francesca et de Dürer.

Le jardin recrée à la campagne le mythe de la cité idéale. Dans le *Songe de Polyphile,* le jardin de Vénus sur l'île de Cythère a une forme circulaire. Il peut être fondé sur la perspective et la stricte ordonnance géométrique de l'espace, comme les jardins des Farnese à Caprarola, dessinés par Vignola, ou ceux du Belvédère au Vatican, par Bramante. Parfois la liberté est plus grande, par exemple dans les jardins de la villa du cardinal Hippolyte d'Este à Tivoli, œuvre de Ligorio, où s'agencent, à flanc de coteau, fontaines, bassins et massifs, ou encore dans les buissons de buis en forme de cœur dessinés par du Cerceau pour les jardins de Villandry. Du jardin ordonné, il est facile de passer au jardin imaginaire laissé à l'état de nature, où tout est calme et beauté, célébré par Sannazero, dans l'*Arcadie* (1504), jusqu'à d'Urfé, dans l'*Astrée* (1607-1619).

Florence fut le foyer principal de cette renaissance artistique au XVe siècle. La conjoncture politique et sociale était particulièrement favorable. Les Médicis gouvernaient la ville, et de grandes familles comme les Strozzi, les Pazzi et les Pitti pratiquaient assidûment le mécénat, parce qu'il était l'expression de leur goût aussi bien que la manifestation la plus brillante de leur statut social. Architectes, sculpteurs et peintres participèrent à la naissance d'une véritable civilisation florentine dans un cadre qui se voulait harmonieux et beau. Brunelleschi construisit le dôme de Santa Maria del Fiore. Donatello et

Ghiberti s'imposèrent dans la sculpture sur marbre et sur bronze. Dans la foulée de Giotto, Masaccio, Fra Angelico, Botticelli et Léonard de Vinci firent de Florence la ville par excellence de la peinture.

La primauté de Florence s'acheva à la fin du XVe siècle. La chute des Médicis en 1494 conduisit nombre d'artistes à offrir leurs services aux cours italiennes, voire étrangères. D'autres villes comme Ferrare, Urbino, Rimini et Milan attirèrent à leur tour de grands peintres. Avec les trois Bellini, le Titien et Véronèse, Venise connut alors un véritable âge d'or de la peinture, mais aussi de l'architecture, avec le Padouan Palladio qui s'inspira de l'architecture antique, sans toutefois l'imiter servilement, pour construire à Venise même et sur la terre ferme des palais et des villas pour les notables de la République. Ses œuvres de même que ses *Quatre livres d'architecture* servirent de références à de nombreux architectes, en Angleterre notamment, jusqu'au XIXe siècle.

C'est cependant Rome qui allait devenir la capitale artistique de l'Italie. À vrai dire, le mouvement était déjà amorcé depuis le pontificat de Pie II, au milieu du XVe siècle. Désireux d'illustrer d'une manière éclatante la gloire de Dieu, celle de l'*Urbs* (la Ville), ou la leur propre, les papes Sixte IV, Alexandre VI, Jules II, Léon X, Clément VII, les membres de la curie et les représentants des grandes familles romaines mettent leurs considérables moyens financiers à la disposition des artistes qui affluent de partout. Le chantier de la basilique Saint-Pierre et de ses dépendances occupa successivement Bramante, Michel-Ange, Raphaël, della Porta, Fontana, Maderna et le Bernin. Il permet de suivre l'évolution du style architectural, de la Renaissance au Baroque, mais aussi la contiguïté de sujets religieux et païens. Dans la chambre de la Signature, Raphaël peint, face à face, *L'École d'Athènes, Le Parnasse* et *La Dispute du Saint-Sacrement,* où philosophes et poètes païens voisinent avec les saints et les docteurs de l'Église.

Le sac de Rome, en 1527, interrompit brutalement cet essor en mutilant, détruisant ou dispersant les œuvres d'art. La ville ne s'en releva pas avant le milieu du siècle, alors que reprit la construction de palais et d'églises. Sixte Quint confia à Fontana la charge de lancer de vastes travaux d'urbanisme pour assainir la ville et lui conférer le caractère majestueux qui devait en faire une ville idéale. Mais déjà l'art de la Renaissance s'était suffisamment transformé, sans toutefois disparaître, pour être qualifié de maniériste, un style caractérisé par la recherche de la virtuosité et la multiplication d'éléments décoratifs.

Au début du XVIe siècle, l'Europe entière reconnaît la primauté artistique de l'Italie. Elle s'efforce donc de se mettre au « goût italien », sans pour autant renoncer à ses propres traditions.

Le mécénat des ducs de Bourgogne et la présence d'une bourgeoisie riche et cultivée aux Pays-Bas avaient favorisé, au XVe siècle, l'essor d'une école de peinture illustrée par les frères Van Eyck, Memling, David et, au siècle suivant, Bosch et Brueghel. Face à cette tenace tradition, l'art italien ne pénétra aux Pays-Bas que lentement et jamais complètement. En Allemagne, les trois grands peintres contemporains de Luther, soit Dürer, Holbein et Cranach, demeurent profondément allemands. En France, la vie artistique est particulièrement féconde, car elle bénéficie de l'appui de François Ier, d'Henri II, des grands et des notables. L'influence italienne y est présente, déjà avant les guerres d'Italie ; elle enrichit plutôt qu'elle ne remplace les traditions artistiques antérieures. C'est vrai pour la peinture avec les Clouet père et fils, et aussi pour l'architecture. Châteaux et églises combinent le gothique flamboyant avec un décor italien. L'église Saint-Eustache, à Paris, et les châteaux de la Loire en sont de bons exemples. Fontainebleau, où séjourne souvent la cour, devient une sorte de laboratoire où œuvrent des artistes italiens comme le Rosso, le Primatice, dell'Abate, Benvenuto Cellini. Le raffinement de la décoration intérieure du château se prolonge dans les jardins où l'on trouve des fontaines, des grottes à l'italienne, des statues d'inspiration antique. Une riche bibliothèque est confiée aux soin de Guillaume Budé. Fontainebleau se présente ainsi comme un lieu clos, complet, où l'être humain, c'est-à-dire le roi et ceux qu'il y convie, trouve tout ce que l'*otium* (le loisir calme et studieux) peut procurer : plaisir des sens, de l'esprit et de l'âme. L'école architecturale française, désormais sûre d'elle-même, peut se permettre d'adapter avec virtuosité des éléments antiques et italiens aux canons français. L'aile Henri II de la Cour carrée du Louvre, dessinée par Pierre Lescot, le château de Saint-Germain-en-Laye et une des façades du palais des Tuileries (aujourd'hui disparu) en sont d'excellents exemples. Germain Pilon et Jean Goujon donnent à la sculpture française un nouvel éclat. Plus que dans la peinture où œuvrent surtout des étrangers comme Holbein, c'est dans le domaine de l'architecture que l'Angleterre allait se distinguer. La dissolution des monastères profita largement à la noblesse anglaise, qui se fit édifier des manoirs, souvent grandioses, alliant influence italienne et gothique perpendiculaire. À l'époque élisabéthaine, le grand architecte Smythson s'impose comme un maître du genre. L'Espagne, enfin, fut davantage touchée par l'art italien. Ses relations politiques étroites avec le royaume de Naples en facilitèrent l'influence. Édifices religieux, constructions royales comme le palais de Charles Quint à Grenade ou l'Escorial en témoignent. Il en va de même pour la peinture du Greco, qui avait d'ailleurs étudié à Venise avec le Titien.

La musique

La musique de la Renaissance ne doit rien à celle de l'Antiquité, qui n'a guère laissé de traces. Elle est dans le droit fil de celle du Moyen Âge. Les instruments, les genres, les techniques de composition et d'interprétation demeurent les mêmes. La musique religieuse polyphonique, si brillamment illustrée par la *Messe de Notre-Dame,* de Guillaume de Machaut, au XIVe siècle, poursuivra son développement au cours des deux siècles suivants, d'abord dans l'école des Pays-Bas où s'impose une pléiade de musiciens dont Obrecht et Ockeghem, ensuite, et par l'entremise de ceux-ci, dans l'école vénitienne. La chanson populaire médiévale suivra le même parcours. Les musiciens français de la première moitié du XVIe siècle comme Jannequin et Josquin des Prés se la réapproprieront, mais en la transformant en pièces poly-phoniques à quatre ou cinq voix.

L'essor de la musique au XVIᵉ siècle doit beaucoup au développement de l'imprimerie. Il faut attendre l'année 1502 pour que les problèmes techniques posés par l'impression des portées, des notes et du texte soient résolus par Petrucci, le premier d'une longue série de grands imprimeurs de musique vénitiens. En France, Pierre Attaignant publiera entre 1528 et 1548 le texte et la musique de 1 500 chansons. Et dans son *Orchésographie,* publiée en 1588, Tabourot laissa un très précieux témoignage de la musique de cour et notamment des danses en usage à l'époque : branles, pavanes, gaillardes, courantes, allemandes, qui, autrement, eussent été perdues. Ces travaux d'édition favorisèrent une unification de la notation et suscitèrent des études sur la théorie.

Il était inévitable que l'Italie devînt, tôt ou tard, le centre de la vie musicale. La plupart des musiciens, compositeurs ou interprètes, venus de toute l'Europe, séjournaient plus ou moins longtemps dans la péninsule, quand ils ne s'y établissaient pas. Ils y étaient attirés par le climat artistique, par la perspective de faire carrière à la chapelle pontificale ou dans quelque cour. Ils pouvaient faire valoir leur talent dans les cérémonies religieuses ou les fêtes qui se déroulaient parfois dans un excès de luxe, d'imagination et d'extravagance. Il n'est donc pas étonnant que les musiciens italiens aient fini par créer leur propre style musical avec les chants de carnaval et le madrigal, où s'illustrent Lassus, Monteverdi et Gesualdo. L'école anglaise des madrigalistes, avec Byrd, Morley et Dowland, s'en inspirera.

Le raffinement croissant de la vie de cour s'accompagne d'une plus grande utilisation des instruments de musique, notamment le luth, le clavecin ou le virginal et les cuivres. Ce répertoire instrumental est particulièrement prisé dans certaines formes musicales comme la *canzone,* le *ricercare* et aussi dans les fêtes de cour et les bals. C'est dans le milieu des cours italiennes que naissent les intermèdes, spectacles complexes comprenant instruments, chant, danse, texte dramatique, décors et costumes somptueux. L'*Eurydice,* de Peri (1600), parfois considérée comme le premier opéra, en est directement issue. L'*Orfeo* de Monteverdi (1607) donnera ses lettres de noblesse à ce nouveau genre.

L'important corpus de musique religieuse légué par le Moyen Âge, essentiellement le chant grégorien et les pièces polyphoniques, était intimement lié à la liturgie et à la spiritualité. Les réformateurs protestants, mis à part Zwingli, reconnaissaient les vertus spirituelles de la musique, mais à condition qu'elle fût sans artifices et, surtout, chantée à l'unisson en langue vernaculaire, de façon à compléter la leçon d'édification du prêche et la lecture de l'Écriture. Luther privilégiait le *Choralgesang,* le chant choral, dont le premier recueil, le *Geystliche gesangk Buchleyn (Le Petit Livre de chants spirituels),* parut à Wittenberg en 1524. Par la suite, d'importants compositeurs, dont Praetorius, écrivirent de la musique sacrée pour les luthériens. Calvin favorisa la composition de psautiers mis en musique par différents musiciens dont Goudimel. Quant aux protestants anglais, ils composèrent des hymnes. L'Église catholique chercha, elle aussi, à utiliser la musique à des fins spirituelles. Sans renier la grande tradition polyphonique, elle souhaitait néanmoins en combattre les excès. Faute de pouvoir proposer un répertoire musical identique à celui des protestants, elle se contenta de fixer des normes générales. Palestrina, Vitoria et Lassus réussirent à composer des messes et des motets d'une grande virtuosité technique, sans pour autant altérer le contenu spirituel de leurs œuvres. Il est toutefois évident que ce type de musique était destiné à une élite, seule capable de comprendre le texte, qui était en latin, et d'apprécier les subtilités de l'harmonie et du contrepoint. Il faudra attendre le siècle suivant pour que des cantiques simples, comme la *Messe des anges* en France, puissent jouer auprès des fidèles catholiques le rôle des chorals et des hymnes.

Les conditions de vie de l'artiste

Se dégageant peu à peu du statut d'artisan anonyme œuvrant au sein d'une communauté de métier, l'artiste apparaît aux XIVe et XVe siècles avec un nom, une carrière et une œuvre. Les *Vies des meilleurs peintres, sculpteurs et architectes* de Vasari, publiées en 1550, rendent parfaitement compte de cette situation nouvelle. L'artiste doit, quels que soient son talent et son appartenance à une école, respecter les canons esthétiques, moraux et idéologiques de l'époque ou de son milieu, et aussi répondre aux attentes du mécène qui le protège : roi, prince, ecclésiastique, marchand, corps de ville. Les rapports de l'artiste avec son client sont nécessairement complexes ; la servilité de l'un comme les abus de pouvoir de l'autre sont fréquents. Les *Mémoires* de Benvenuto Cellini en disent long à ce sujet. S'il rend possibles l'éclosion et l'épanouissement d'un talent, le mécène n'est pas pour autant l'auteur des œuvres. Au premier siècle de notre ère, le poète latin Martial s'était déjà posé la question dans ses *Épigrammes.* Que sa présence soit discrète ou, au contraire, intempestive, il n'en reste pas moins que l'artiste doit rappeler l'existence du mécène. Les exemples abondent. Citons ici, entre autres, la *Vierge de la victoire,* de Mantegna, où apparaissent en bonne place Gian Francesco II de Gonzague et les saints protecteurs de Mantoue. Au XVIe siècle, les artistes deviennent de véritables figures, du moins les plus grands d'entre eux. Les autoportraits que font Dürer (avec une tête de Christ !) et Léonard de Vinci témoignent, à leur manière, de leur nouveau statut. Les artistes sont couverts d'honneurs, conviés de toutes parts. Ainsi Léonard de Vinci finit-il sa vie en France, où il avait été appelé par François Ier. Mais la charge de travail que les mécènes imposent aux artistes est à la mesure du talent qu'ils leur prêtent.

Le mécénat participait de l'exercice du pouvoir. Castiglione ne faisait que décrire la situation de son époque lorsqu'il conseillait au prince, dans son *Courtisan,* de promouvoir les beaux-arts et les divers aspects de la vie intellectuelle. C'est que le mécène doit témoigner de son goût en créant un univers de beauté et le proposer comme modèle esthétique. La collection, qui est une sorte d'encyclopédie visuelle, le palais, l'église, le jardin deviennent alors la forme la plus élaborée du mécénat. Dans le meilleur des cas, la collaboration entre mécène et artiste donne naissance à de véritables « lieux » artistiques : la Florence des Médicis, la Rome du XVIe siècle, l'atelier de Fontainebleau, la cour des ducs de Bavière à Munich où œuvrèrent les musiciens Roland de Lassus et les Gabrieli, oncle et neveu. Le sac de Rome fut ressenti par les contemporains non seulement comme la perte ou la dispersion d'un patrimoine artistique incomparable, mais aussi comme la rupture du lien qui, depuis trois quarts de siècle, avait été patiemment tissé entre mécènes et artistes. Dix ans plus tard, la dissolution et le saccage subséquent des monastères en Angleterre, quoique moins fortement ressentis à l'époque, eurent des conséquences tout aussi désastreuses.

Conclusion

Il serait vain, comme l'a jadis fait Burckhardt, de comparer une Renaissance jeune et triomphante à un Moyen Âge vermoulu et épuisé. Il n'y a pas rupture entre les deux, mais continuité. Ce qui était en gestation au Moyen Âge éclôt aux XVᵉ et XVIᵉ siècles pour évoluer ensuite au gré des événements et de l'action des hommes. Cela est vrai pour l'État moderne, dont les origines remontent à la fin du XIIIᵉ siècle et qui, par touches successives, aboutit à ce que l'on a parfois appelé l'État de la Renaissance. La guerre de Cent Ans et les guerres entre les grands et les rois de France et d'Angleterre au cours de la deuxième moitié du XVᵉ siècle contribuent puissamment à le façonner. On peut en dire tout autant pour l'économie, la société et la vie intellectuelle et artistique.

Il n'empêche que ce caractère de continuité va être brutalement infléchi par trois événements dont les conséquences sont incalculables.

Qui osera nier l'importance de l'imprimerie, alors qu'elle vient donner aux humanistes une tribune de tout premier ordre, rendre enfin accessible à tous les grands textes de l'Antiquité, du Moyen Âge et de la Renaissance, favoriser l'essor de la Réforme, favoriser l'essor des langues et des littératures nationales, répandre les écrits de Luther ? Plus largement, alors qu'elle diffuse indistinctement toutes les connaissances et rend possible l'appropriation solitaire du savoir, donc la liberté intellectuelle ?

La grande mutation religieuse qui s'amorce dès 1517 est beaucoup plus qu'une remise en cause de l'unité religieuse de l'Occident. C'est aussi un effort d'encadrement d'une population, en fin de compte peu ou mal christianisée, encombrée de croyances diverses, trop souvent laissée spirituellement à elle-même. Plus encore, il s'agit d'une réflexion d'une singulière profondeur, dont les racines remontent jusqu'à saint Paul et saint Augustin, sur les relations entre Dieu et l'être humain, et qui soulève des questions fondamentales pour toute personne croyante : la foi, la grâce, le péché originel, la parole de Dieu, la mission du Christ, la vie éternelle, le rôle médiateur du clergé. Catholiques et protestants y ont répondu chacun à leur manière.

Les grandes découvertes, enfin, sont sans doute le fruit du rêve millénaire des êtres humains d'« aller au delà », pour se nourrir, pour fuir, pour explorer, pour conquérir. Elles vont bouleverser l'équilibre politique et économique de l'Europe et, par voie de conséquence, d'une partie du monde, et mettre brutalement les Européens en présence de l'« autre ». Un « autre » que l'on peut asservir ou que l'on peut respecter. Dans les deux cas se pose le problème du degré de barbarie ou de civilisation, de la pertinence des valeurs morales et religieuses, et donc des modalités de la conversion au christianisme.

Est-il enfin utile de préciser que la Renaissance connut ses dérives et ses atrocités : l'Inquisition, la chasse aux sorcières, l'esclavage, l'intolérance religieuse avec les persécutions et les guerres qui en découlent, l'inégalité voulue des êtres humains, et aussi un goût prononcé pour le mystère : ésotérisme, occultisme, alchimie, démonologie, nécromancie, même chez les intellectuels les plus avertis, tel Bodin. Ce qui pourrait laisser croire que la pesanteur des vieilles croyances demeurait présente. Comme telle, la Renaissance est une période de lumière et d'ombre. En cela, elle ne diffère guère des autres, y compris de la nôtre.

L'Europe orientale à la fin du XVe siècle

CHEVALIERS
PORTE-GLAIVE

EMPIRE RUSSE

• Novgorod

• Riga

• Moscou

CHEVALIERS
TEUTONIQUES

• Vilnius

Königsberg

• Dantzig

POLOGNE-
LITUANIE

• Cracovie

HONGRIE

• Buda

• Raguse

EMPIRE
OTTOMAN

Salonique

• Constantinople

EMPIRE
OTTOMAN

━━ Limites du Saint Empire

L'Europe occidentale à la fin du XVᵉ siècle

Limites du Saint Empire

ÉCOSSE
Edimbourg

ROYAUME DE
DANEMARK

ANGLETERRE

Londres

PAYS-
BAS
Anvers

Bruges

Cologne

Francfort

BOHÊME
Prague

Paris

Nüremberg

Münich

Vienne

FRANCE

CANTONS
SUISSES

Lyon

DUCHÉ
DE MILAN

Milan

Venise

ÉTATS
HÉRÉDITAIRES
DE LA MAISON
D'AUTRICHE

PORTUGAL

CASTILLE

ARAGON

Barcelone

RÉPUBLIQUE
DE FLORENCE

Florence

ÉTATS
PONTI-
FICAUX

RÉPUBLIQUE
DE VENISE

Lisbonne

Tolède

Rome

Naples

Grenade

ROYAUME
DE GRENADE

ROYAUME
DE NAPLES

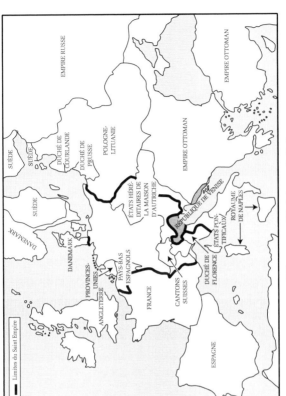

L'Europe au début du XVIIe siècle

France	Bourgogne	Saint Empire	Aragon	Castille	Angleterre
					Henri VII (1485-1509)
Louis XI (1461-1483)	Charles le Téméraire (1469-1477)	Frédéric III (1440-1493)			Henri VIII (1509-1547)
Charles VIII (1483-1498)	Marie de Bourgogne (1477-1481) ✕ Maximilien Iᵉʳ (1493-1519)		Ferdinand Iᵉʳ (1469-1516) ✕ Jeanne la Folle	Isabelle Iʳᵉ (1469-1504)	

France — **Bourgogne** — **Saint Empire** — **Aragon** — **Castille** — **Angleterre**

Henri VII (1485-1509)

Henri VIII (1509-1547)

Louis XI (1461-1483)
Charles le Téméraire (1469-1477)
Frédéric III (1440-1493)

Charles VIII (1483-1498)

Marie de Bourgogne (1477-1481) ✕ Maximilien Iᵉʳ (1493-1519)

Ferdinand Iᵉʳ (1469-1516) ✕ Jeanne la Folle

Isabelle Iʳᵉ (1469-1504)

Édouard VI (1547-1553)

Philippe le Beau duc de Bourgogne (1482-1506)

Charles Quint (1519-1556)

Marie Iʳᵉ (1553-1558)

Louis XII (1498-1515)

Élisabeth Iʳᵉ (1558-1603)

Habsbourg d'Autriche

Habsbourg d'Espagne

François Iᵉʳ (1515-1547)

Ferdinand Iᵉʳ (1556-1564)

Philippe II (1556-1598)

Henri II (1547-1559)

Maximilien II (1564-1576)

Philippe III (1598-1621)

François II (1559-1560)

Rodolphe II (1576-1612)

Jacques Iᵉʳ (1603-1625)

Charles IX (1560-1574)

Henri III (1574-1589)

Henri IV (1589-1610)

Bibliographie

BENNASSAR, B. et J. Jacquart, *Le XVIe Siècle,* Paris, Colin, 1997.

BONNEY, R., *The European Dynastic States 1494-1600,* Oxford, Oxford University Press, 1991.

BOQUET, G. et E. Gruter, *Les Îles Britanniques au XVIe siècle*, Paris, Colin, 1994.

BRADY, T. A., H. O. Oberman et J. D. Tracy, *Handbook of European History 1400-1600,* Leyde, Brill, 1994-1995.

BRAUDEL, F., *La Méditerranée et le Monde méditerranéen à l'époque de Philippe II,* Paris, Librairie générale française, 1993.

DELUMEAU, J., *La Civilisation de la Renaissance,* Paris, Arthaud, 1967.

DUBY, G. et M. Perrot, *Histoire des femmes,* tome III, Paris, Plon, 1991.

GARIN, E., *La Renaissance. Histoire d'une révolution culturelle*, Verviers, Gérard et Cie, 1970.

GINGRAS, Y., P. Keating et C. Limoges, *Du scribe au savant. Les porteurs du savoir de l'Antiquité à la révolution industrielle,* Montréal, Boréal, 1998.

Histoire du christianisme, tome VII : *De la Réforme à la Réformation,* Paris, Desclée, 1994.

Histoire du christianisme, tome VIII : *Le Temps des confessions*, Paris, Desclée, 1992.

JOUANNA, A., *La France du XVIe siècle,* Paris, PUF, 1996.

KOENIGSBERGER, H. G., G. L. Mosse, et G. Q. Bowlker, *Europe in the Sixteenth Century,* Londres, Longman, 1990.

NAUERT, C. G., *Humanism and the Culture of Renaissance Europe,* Cambridge, Cambridge University Press, 1995.

MISE EN PAGES ET TYPOGRAPHIE :
LES ÉDITIONS DU BORÉAL

ACHEVÉ D'IMPRIMER EN MAI 1999
SUR LES PRESSES DE L'IMPRIMERIE AGMV MARQUIS
À CAP-SAINT-IGNACE (QUÉBEC).